José Ramón Alonso Pereira,
compilador

ESPAÑA 92: ARQUITECTURA Y CIUDAD

25 años después

Alonso Pereira, José Ramón

España 92 : Arquitectura y ciudad : 25 años después / José Ramón Alonso
Pereira . - 1a ed . - Ciudad Autónoma de Buenos Aires : Diseño, 2017.
242 p. ; 21 × 15 cm. - (Textos de arquitectura y diseño)

ISBN 978-987-4160-38-6

1. Arquitectura. 2. Investigación. 3. Historia de la Arquitectura. I. Título.
CDD 720.9

Textos de Arquitectura y Diseño

Director de la Colección: Marcelo Camerlo, Arquitecto
Diseño de Tapa: Liliana Foguelman
Diseño gráfico: Karina Di Pace
Foto tapa: Norman Foster, Torre de Collserola (Barcelona, 1992). Fotografía de Jordi Cucurull

Hecho el depósito que marca la ley 11.723

I.S.B.N. 978-987-4160-38-6

Agosto de 2017

José Ramón Alonso Pereira,
compilador

ESPAÑA 92: ARQUITECTURA Y CIUDAD
25 años después

Antón Capitel
Víctor Pérez Escolano
José Ramón Alonso Pereira
Juan Caridad Graña
Carlos Nárdiz Ortíz
Juan Pérez Valcárcel
Antonio S. Río Vázquez
Eduardo Prieto
Miguel Abelleira Doldán

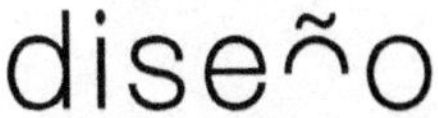

diseño

ESPAÑA 92:
ARQUITECTURA Y CIUDAD
25 años después

ÍNDICE

PRESENTACIÓN: CENTROS Y PERIFERIAS EN EL *SPANISH YEAR*

José Ramón Alonso Pereira

José Ramón Alonso Pereira es catedrático de la Escuela Técnica Superior de Arquitectura de A Coruña y coordinador del Grupo de Investigación en Historia de la Arquitectura IALA

En 2017 se cumplen 25 años de toda una serie de hechos diferenciados que tuvieron lugar en España a lo largo del año 1992, cuyo conjunto fue presentado y visto fuera de nuestras fronteras como un verdadero Año de España: un *Spanish Year*, de trascendencia especial en el campo de la arquitectura.

Se vivió ese año un momento de auge en la cultura y la arquitectura española, cuyo más profundo sentido consistió en la apertura a América y la integración en Europa, en una nueva Edad de Plata cuyo influjo se extiende aún sobre la realidad española.

Esta publicación recoge el contenido de las Jornadas desarrolladas en la Escuela de Arquitectura de Coruña con la intención de analizar esos eventos plurales que, a partir de Madrid, Barcelona y Sevilla extendieron su influjo a la totalidad del territorio español, mostrando 25 años después las presencias y ausencias de su legado. Pues 1992 importa no tanto como mirada al pasado sino como proyección cara al porvenir.

EL AÑO DE ESPAÑA

1992 fue sin duda el *Spanish Year*: el año de España en el mundo. Así lo reconocían y denominaban todos cuando salías fuera de nuestras fronteras. Ese año España produjo uno de los fenómenos mediáticos más considerables de su tiempo. En todo el siglo XX no hubo un momento comparable en la imagen española.

España y su cultura estuvieron de actualidad en todo el mundo en 1992. Esto fue y es un hecho histórico trascendente, no sólo por ser importante, sino también por serlo para una colectividad plural formada por distintas generaciones.

Y ciertamente los hechos que confluyeron en 1992: la Capitalidad cultural europea en Madrid, la Exposición universal en Sevilla, los Juegos olímpicos en Barcelona, fueron protagonizados por quienes los vivieron como hecho generacional propio, pero su razón de ser había sido preparada por otros anteriores, y fueron valorados como propios por tantos y tantos jóvenes que se vieron reflejados en ellos. Fue un tiempo de encuentro intergeneracional. Por eso puede recordarse y, aún más, reflexionar sobre él para que las nuevas generaciones, al hacerlo suyo, le dan no un carácter histórico —que ya lo tiene—, sino una vigencia y una proyección contemporánea.

Pero, ¿en qué consiste el año de España? Es decir, ¿qué hizo España, su sociedad, su cultura, su arquitectura para brillar con luz propia y ofrecer una imagen positiva? Los hechos son fáciles de enumerar: la conmemoración del Centenario y de la era de los descubrimientos, el ambicioso proyecto de impulsar la creación de una Comunidad de Naciones Iberoamericana como un renovado encuentro entre dos mundos dirigido al siglo XXI, la Exposición Universal, los Juegos Olímpicos y, por último, la Capitalidad Cultural europea. Es difícil encontrar en el siglo XX un conjunto de hechos comparable.

LA DÉCADA PRODIGIOSA

El *Spanish Year* fue la resultante no sólo de todo este conjunto de actuaciones que coincidieron en 1992, sino de un amplio conjunto de procesos e iniciativas emprendidas durante toda la década anterior. La España del 92 no se puede entender si la separamos del largo periodo que la preparó, y sólo se puede comprender y evaluar si la situamos como momento culminante de un proceso de *presentación* de España iniciado con la transición democrática y realizado a lo largo de los años ochenta.

Esta década fue una especie de *década prodigiosa* para la configuración urbana y la imagen arquitectónica de España. En ella, la popularidad exterior se ligó en el interior a la prosperidad económica y a un proyecto reformista que buscaba terminar con las bases tradicionales de la vida nacional y abrir una nueva página: una página europea y americana a la vez. Si hace un siglo España se quiso moderna y se percibió castiza —se ha dicho—, en la nueva Edad de Plata que cristaliza en 1992 la voluntad reformista estuvo acompañada por una proyección moderna en el exterior.

1. Cartel de las V Jornadas Modernidad y Contemporaneidad (abril de 2017)

España fue vista a lo largo de la década como un caso modélico de construcción democrática, como un ejemplo a imitar. España ofrecía al mundo una imagen de sociedad moderna. Los éxitos del 92 se deben en parte a la buena imagen de la transición y de quienes la personalizaron, y de modo particular, a su arquitectura y sus arquitectos.

El 92 tenía un doble significado internacional: el reconocimiento de su inserción y de su protagonismo creciente en el proceso de la Unión Europea y la confirmación de su nueva relación con América Latina. La suma de un conjunto de eventos y de efemérides situados en 1992, apostaba por el efecto multiplicador de su coincidencia, buscando difundir la realidad de una España democrática en pleno proceso de modernización.

El Centenario y la Expo fueron eventos relacionados: la candidatura de Sevilla se justificó con la celebración de la efeméride y se presentó como lugar para el encuentro entre dos mundos, aunque su imagen estuviese más acorde con la modernidad europea que con la relación histórico-cultural con América.

Los Juegos de Barcelona tuvieron asimismo un importante eco internacional, con ventajas adicionales en cuanto a imagen y resultados, y dieron lugar a que la Barcelona del 92, y por extensión, toda España, se convirtieran en protagonistas permanentes del año, trasmitiendo al mundo una imagen de obra bien hecha.

Al lado de estos dos grandes acontecimientos, la Capitalidad cultural de Madrid tuvo menor eco en términos arquitectónicos y sociales. El efecto mediático fue limitado y tuvo menor relevancia en la ciudad, aunque sus profesionales y sus obras se proyectaran por toda la geografía española, sumándose a esa Edad de Plata de que venimos hablando.

Además del impacto de la Expo y de los Juegos, 1992 debe ser considerado como la expresión de una nueva etapa en nuestro campo específico, basada asimismo en una larga década de preparación y esfuerzos. El año vino a consolidar la proyección de la arquitectura española en los medios europeos y americanos, que culminó en la concesión del Pritzker al mejor arquitecto hispano —o, al menos, visto como tal desde el mundo americano—: Alvaro Siza, con quien en Galicia y en

España hay una relación intensa y entrañable. El premio a Siza fue una parte no despreciable del *Spanish Year*: fue el premio a la periferia atlántica —a veces tan olvidada— en la España del 92.

CENTROS Y PERIFERIAS

Está claro que en el 92 fueron tres los centros del *Spanish Year*: Madrid, Sevilla y Barcelona. Entonces, ¿por qué desarrollar unas Jornadas en Galicia, en ésa que en otro lugar hemos llamado «periferia de las periferias»? Ello nos lleva a plantear el dilema centro-periferia o si se quiere, el problema del diálogo entre centros y periferias.

El mundo clásico se planteó por primera vez esta dialéctica en Sicilia, la Magna Grecia, la Grecia grande, que era, sin embargo, percibida por aquélla como una provincia, como una periferia. El recuerdo es atractivo, especialmente si se piensa que la menor de las periferias del momento: Roma, fue pronto cabeza y ombligo del mundo. La imagen se ha usado a veces para referirse al papel de América respecto de Europa en el siglo XX.

Es a su comienzo cuando esa dualidad se planteó en términos más próximos a nosotros. Fueron los primeros urbanistas científicos, en su mayoría alemanes, los que abordaron esta dualidad para explicar y luego proyectar sus ciudades en expansión, a las que cabía aplicar no sólo una visión distinta en sus distintas partes, sino unos nuevos instrumentos e incluso una legislación distinta. Esa distinción dual aparece en las bases mismas del Movimiento Moderno y se expresa así en La Sarraz en 1928, aunque ahí aparece otra relación científica en clave funcional llamada a tener mayor desarrollo y mayor fortuna en la modernidad. La Carta de Atenas y las discusiones y propuestas subsiguientes lo confirmarían antes de la Guerra Mundial.

Sin embargo a su término, la dialéctica centro-periferia reaparece como nuevo tema de debate para los CIAM. No es en el primero de ellos, pero sí en el segundo: en el tenido en Bérgamo en 1948 donde surge con fuerza la dualidad, por más que su análisis se circunscriba de momento al centro: al Corazón de la Ciudad. El debate sobre las periferias parecía que sería planteado en los CIAM siguientes, pero éstos se dedicaron al hábitat y, luego, las crisis reveladas por el Team X y evidenciadas de modo definitivo en Otterlo, clausuraron CIAM como institución y parecieron posponer definitivamente el tema.

La importancia de la dialéctica centro-área metropolitana resurge con fuerza en las décadas siguientes y se mantiene vigente en 1992 y aún en nuestros días. Siempre, por supuesto, que al plantearla lo hagamos en términos propios del siglo XXI, reformulando sus bases dialécticas y lo que entendemos por ellas. En ese sentido podemos formular de nuevo la pregunta: qué es centro y qué es periferia en nuestro tiempo.

Una imagen global ilustra bien esta relación: la conocida versión nocturna de Google: Google Night, donde la superposición de infinitésimos fotográficos tomados por un satélite circunvalando la Tierra en todas direcciones da una visión de ésta que, al recoger sus lugares iluminados que brillan como puntos blancos en la noche, nos da una imagen intelectual de los sistemas urbanos y de los países.

La España de Google Night nos permite expresar en términos científicos y gráficos a la vez la relación centro-periferia en nuestros días, π-*articulable*. El número π significa perímetro y periferia. La relación entre circunferencia y radio, entre superficie y perímetro. La España π muestra una potente luminaria central acompañada por una constelación perimetral no homogénea con recorridos continuos y discontinuos en sus tramos.

A esa relación continuidad-discontinuidad —y no ya sólo a la relación centro-anillo— cabe referir el valor centro-periferia en la España 92. Y en ella cabe insertar los diálogos contemporáneos que amplíen las relaciones del pasado más o menos próximo y permitan pasar de los polos de 1992 a una relación plural más abierta y más rica en 2017, cuando las discontinuidades se hacen protagonistas del debate, planteando nuevas centralidades.

Junto a Madrid, Barcelona y Sevilla, en 1992 Galicia quiso integrarse en su experiencia territorial común en un intento efímero, pronto relegado, pero que puede replantearse en nuestros días. Así como

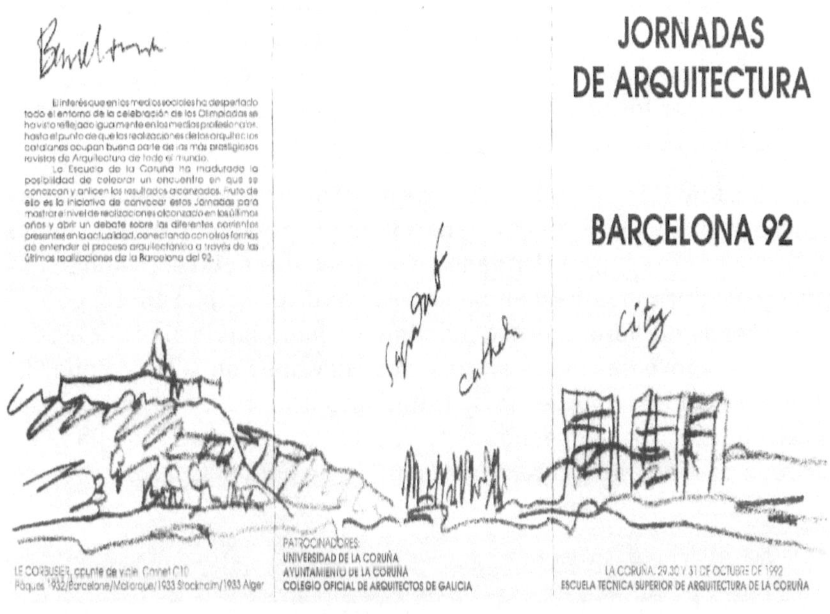

2. Tríptico de las Jornadas de Arquitectura Barcelona 92 (octubre de 1992)

el contraste entre una España pobre y una Europa rica y adelantada científicamente obsesionaba a los españoles del siglo XX, así también en 1992 nos obsesionaba a algunos el presunto contraste entre una Galicia periférica y una centralidad bipolar o tripolar, al menos en arquitectura.

La Escuela de Coruña quiso hacerse en esos tiempos un espacio de estudio y convivencia en libertad, reflejando esta opción tanto en las actitudes como en las actividades. Cabe recordar con especial satisfacción las Jornadas Barcelona, con las que se abrió el curso, con un plantel de conferenciantes difícilmente imaginable sin la colaboración y el apoyo de Oriol Bohigas, cabeza y alma de la Barcelona 92. Veinticinco años después no se trata tanto de repetir el intento, sino de reivindicar un nuevo espacio de libertad y una nueva reticulación donde la periferia adquiera nuevo sentido de cara al futuro.

PLANTEAMIENTOS Y PROGRAMA

Son estas bases las que justificaron esas Jornadas y las que dan sentido a este libro. En su desarrollo vamos a seguir distintas vías de aproximación, evitando tanto las rigideces académicas como los lugares comunes. Más que la riqueza de información son importantes las perspectivas críticas, pues no basta con fotografiar el tiempo del 92: es necesario analizarlo con originalidad y con rigor para entender el panorama plural que tanto entonces como ahora presenta la arquitectura.

Así, el *núcleo duro* lo abordarán tres ponencias sobre los tres centros de la España 92: Madrid, Barcelona y Sevilla, a cargo de tres figuras que unen a su condición profesional y académica la condición de haber estado en su día en sendos puestos de mando de la cultura y la administración.

Arranca Antón Capitel con la presentación de Madrid, no sólo como ciudad que ese año ostentó la Capitalidad Cultural Europea y fue sede de la Conferencia de la Unión Iberoamericana, sino como verdadero «rompeolas de todas las Españas», en la conocida expresión de Antonio Machado. Capitel, con altura intelectual y sabiduría contrastada presenta esa arquitectura madrileña y española y fija las bases de diálogos posteriores.

Tras ello, expone la Sevilla 92 Víctor Pérez Escolano, reconocido profesor y potente intelectual, que en esa década era el Director General de Arquitectura en la Junta de Andalucía, después de haber sido varios años Concejal de Urbanismo del Ayuntamiento sevillano. Su visión de Sevilla, próxima y reflexiva a la vez, señaló uno de los *momentos fuertes* de las Jornadas y señala uno de los *puntos fuertes* de esta publicación.

Estaba previsto que Barcelona fuera analizada por quienes en 1992 desempeñaban la dirección de la Escuela de Arquitectura, en Diagonal o en El Vallés, pero diversas circunstancias impidieron su participación, y se optó por sustituirlos por una figura propia, cambiando la proximidad por la perspectiva que permite la distancia. El *agraciado* con el cambio fui yo, no tanto como organizador que no podía negarse, sino por haber sido en aquellas fechas Director de la Escuela y haber compartido viajes y debates, mesas y manteles de todo tipo con los distintos protagonistas del momento.

No estaría completo el sentido de este libro y de esas Jornadas si estas visiones polares y protagonistas, no fueran complementadas por diversos análisis transversales de los diferentes aspectos que adoptó en arquitectura el *Spanish Year*. Acompañamos, pues, los análisis anteriores con seis versiones anguladas de expertos en distintas áreas, miembros de distintas generaciones, en una deliberada lectura intergeneracional del 92.

Así la lectura del territorio la abordará Juan Caridad, entonces alumno de los últimos cursos de la Escuela, que compatibiliza hoy la labor docente en los cursos iniciales de la carrera con una destacada labor profesional y analítica en el campo territorial, comarcal y urbano de la Galicia contemporánea.

Esa lectura se completa con la lectura del campo de las infraestructuras —clave en la España 92— a cargo de un ingeniero de caminos:

Carlos Nárdiz que ha sido Decano del Colegio profesional y era en 1992 profesor de la Escuela de Arquitectura aunque ahora lo sea de la Escuela de Caminos. Su lectura y su análisis son básicos para entender esa gran escala que tantas veces fija el marco para desarrollar la escala arquitectónica.

Esa escala es abordada por Juan Pérez Valcárcel, que entonces era —y ahora lo es nuevamente— Director del Departamento de Tecnología de la Construcción. Pues esa tecnología y esa construcción son facetas claves aunque a veces olvidadas para entender la arquitectura en general y en particular la que dio forma a la España del 92.

Más mediática fue entonces —y sigue siéndolo en nuestros días— la faceta del diseño: ésa que los grandes del Movimiento Moderno llamaron la *pequeña escala*, tan representativa de la España 92. «¿Diseñas o trabajas?», se decía a modo de caricatura de una época. Antonio Río, que por entonces estudiaba primaria y que hoy es un reconocido profesor no sólo de la Escuela de Arquitectura sino también de la de Diseño Industrial, analiza este fenómeno y esta *pequeña escala* que fue grande en el 92.

Completamos estas lecturas transversales con la de las publicaciones que dieron noticia y difusión a la España del 92 dentro y fuera de nuestras fronteras. Es nuestro guía en esta aproximación Eduardo Prieto que entonces era alumno de secundaria y ahora, además de un reconocido profesor en la Escuela de Madrid, vive como protagonista el mundo editorial actual en cuanto redactor jefe de las revistas *A&V* y *Arquitectura Viva*.

Por último, Miguel Abelleira, secretario del Departamento de Proyectos, Urbanismo y Composición, patrocinador de las Jornadas, que casi recién egresado se incorporaba en ese curso 1992 a la docencia en esta Escuela, aborda 25 años después la proyección y la vigencia del 92: las presencias y ausencias de su legado.

Acompañaba a estas ponencias una Exposición de trabajos donde un centenar de alumnos de los últimos cursos de la Escuela de Coruña —la mayoría de los cuales en 1992 estaban aún *en anteproyecto*— se han enfrentado a la arquitectura contemporánea a través del

análisis de doce obras proyectadas por dos docenas de arquitectos
que dieron realidad a los ideales del 92 en Madrid, en Barcelona
y en Sevilla. Eran ellos, con sus ojos limpios y su mirada joven
los que permitían fijar las conclusiones y establecer la verdadera
vigencia de la España 92 en nuestro momento actual. Pues reflexionar sobre 1992 y analizarlo críticamente es lo que justifica y da sentido a esta publicación.

Coruña, primavera de 2017

MADRID 92: UNA LECCIÓN ESPAÑOLA DE ARQUITECTURA

Antón Capitel

Antón Capitel es catedrático de Proyectos Arquitectónicos en la Escuela Técnica Superior de Arquitectura de Madrid

¿Cuál es la arquitectura de una ciudad? ¿Es aquélla que efectivamente se edifica en ella, o es aquella otra que, ocultamente, se dibuja en sus bodegas para no construirse jamás, o para realizarse, acaso, en otro lugar? La arquitectura de Madrid, concretamente, ¿es la que aparece en sus calles, o es la que los arquitectos proyectan para su propio y ambiguo disfrute y, en el mejor de los casos, para clientes lejanos?[1]

Sea como fuere, hablar a secas de la arquitectura de Madrid es no decir nada. O, mejor dicho, es desconocer la fundamental distinción y el infranqueable abismo que se establece entre calle y bodega.[2] Un abismo que, en el inmediato pasado, se creyó propio de la dictadura franquista, de modo que a la desaparición de ésta tendría que haber correspondido un renacimiento de la arquitectura real, un acercamiento entre la calle y la bodega.

ENTRE LA CALLE Y LA BODEGA

Los años llamados «de transición» así parecían indicarlo, y el florecimiento de la arquitectura española —que elevó enormemente la cualificación de su propia cultura interna y hasta llegó a tener cierto reconocimiento internacional, lo que, por insólito, da prueba de una fuerza incontenible— semejaba asimismo confirmarlo.

Pero, en Madrid, calle y bodega son siempre, pase lo que pase, cosa bien distinta. La calle es la realidad, pero no sólo en lo que ésta —frente a lo soñado en las bodegas— tiene de limitado, sino que es, además, una realidad local, exclusivamente local. La expresión real de la capital, de la gran ciudad metropolitana, es una expresión abierta a los ojos de todos, pero se refiere tan sólo a la ciudad misma: a aquello que desde las bodegas logró llegar a la realidad porque iba expresamente destinado a ella.

[1] Este capítulo recoge parte del artículo publicado en 1991 en la revista *A&V* número 30.

[2] Con el empleo recurrente de la palabra bodega, el autor juega con la complicidad del lector remitiéndole tanto al sentido italiano de bottega —estudio, laboratorio— como al anglosajón de *underground* —oculto, clandestino— (nota del editor).

1. Moneo: Estación de Atocha, Madrid

Pues lo que se produce en las ocultas y secretas bodegas tiene mucho mayor alcance, a pesar de su naturaleza *underground*. Son proyectos tanto locales como regionales, nacionales e incluso internacionales. Así, la cultura arquitectónica de Madrid no sale apenas de ese ámbito subterráneo, pues aflora, si lo hace, en otro lugar. O, si emerge en Madrid, lo hace a través de canales no menos subterráneos: la Escuela de Arquitectura, las exposiciones, las revistas.

Diríase, tal vez, que esto puede ser propio de cualquier capital, de cualquier metrópoli, lo que en cierto modo es verdad. Las metrópolis son ciudades de servicios y tienen numerosas empresas y profesionales que trabajan —casi siempre— más para otros lugares que para la propia ciudad.

Pero me atrevería a decir que Madrid es, sin embargo, la única ciudad del mundo donde tiene lugar un fenómeno en apariencia extraordinario: sus bodegas arquitectónicas —la escuela, las revistas, los estudios particulares e incluso algunas instituciones— han sido capaces de provocar toda una revolución —esto es, de cualificar su cultura arquitectónica elevándola hasta alturas nunca antes alcanzadas, e incluso extendiéndola hacia un enorme número de profesionales— sin que la ciudad se dé en absoluto por enterada. Sin que se dé por enterada ni en una parte muy mayoritaria de sus conciencias más despiertas, ni mucho menos en la propia realidad física.

Todo estudiante o arquitecto occidental sabe ahora que la arquitectura española es muy buena. Sabe incluso que lleva casi veinte años —quince al menos— siéndolo, y que ya ha vivido una aventura muy completa, publicada y codificada. Sin embargo, y con respecto a la buena arquitectura, la ciudad de Madrid no es nada diferente a la de hace quince o veinte años, que parecen no haber transcurrido para ella. Los estudiantes y arquitectos extranjeros no viajan a Madrid para ver esos frutos de la arquitectura española. Saben muy bien que para eso es mucho mejor ir a Barcelona, a Sevilla, o incluso a Mérida. A Madrid vienen porque es una gran ciudad, centro metropolitano de las diversas Españas, y ello a pesar de que, insólitamente, no recoja en su realidad la alta condición delas arquitecturas que estas Españas producen hoy.

PASEO POR LA CASTELLANA

Y así, si nos permitimos una vez más utilizar la Castellana como un expresivo termómetro metropolitano, podremos comprobar en ella un balance bien precario.

Al final del franquismo, algunas entidades bancarias hicieron surgir edificios de interés: Bankunion, de Corrales y Molezún; Bankinter, de Moneo y Escós; y el Banco de Bilbao, de Sáenz de Oíza, hicieron llegar a la Castellana la más esperanzadora Escuela de Madrid, incubada en torno a la revista *Nueva Forma*, aunque se equivocaría quien quisiera haber visto en este acercamiento una idea de lo que el futuro prometía.

Los grandes edificios de empresa posteriores son la Torre Picasso, de Minoru Yamasaki, un arquitecto americano-japonés que, para mayor originalidad, ya había muerto cuando le llamaron. La obra no presenta mayor interés que su posición en Azca y su gran altura. Seguiremos adelante con los futuros edificios del Kio para la Plaza de Castilla, que construirá John Burgee, uno de los peores arquitectos del panorama comercial internacional, prestigiado astuta e ilegítimamente como compañero del agotado Philip Johnson. Por lo visto, ya no hay quien nos libre de que esas dos torres vulgares, estúpidamente inclinadas, presidan la desafortunada Plaza de Castilla.

2. Moneo: Museo de Mérida

Rafael Moneo realiza la Estación de Atocha en el otro extremo de la avenida, aunque se trató tan sólo de un milagro conseguido por el empeño personal de Eduardo Mangada, quien hubo de defender a capa y espada que Moneo la llevara a cabo.

Moneo vuelve de nuevo (¿quién es el afortunado, Moneo o la ciudad?) en la transformación definitiva del Palacio de Villahermosa en museo. Fue el Ministerio de Cultura el que, convencido —a pesar de las sistemáticas críticas de algunos arqueólogos y museólogos— de que el Museo de Mérida era muy bueno (otro milagro, esta vez de

3. Navarro Baldeweg: Edificios municipales en la Puerta de Toledo, Madrid

Dionisio Hernández Gil), tuvo el suficiente instinto para imponer a Moneo frente a la candidatura de Bofill, preferido por la propiedad de la colección. Pero téngase en cuenta que la obra —a pesar de su repercusión social— es una obra menor: el arreglo de un edificio antiguo en el que la primera remodelación sólo dejó la fachada. Y ya es, además, un Moneo después de Harvard; esto es, casi un extranjero, como Bofill.

Porque Moneo, por fortuna para él, es casi un extranjero. La Escuela de Arquitectura de Madrid —a pesar de pertenecer al orden subterráneo de las bodegas— no le ofreció una cátedra más que como interino —y menos mal—, después del dorado pero forzado exilio de Barcelona. Y trabaja sobre todo para fuera: Barcelona, el País Vasco, las Islas Baleares, Sevilla, Estados Unidos, Suecia... Para fuera había trabajado ya, sobre todo, en los años en que toda España empezó a percibir la nueva fuerza de la arquitectura española: Mérida, Logroño y Sevilla tienen hoy en sus guías los hitos arquitectónicos de aquellos años.

A pesar de su popularidad creciente, Francisco Javier Sáenz de Oíza se esfumó, pero sólo en apariencia, pues aunque no ha vuelto a la Castellana —después de haber hecho allí la mejor torre de Europa— ha pasado a trabajar en las periferias centrales, valga la paradoja, que caracterizan el crecimiento nuevo de la ciudad. Pero Oíza trabajaba de la mano de las instituciones oficiales, esto es, donde existen funcionarios

4. Hermanos Casas y Lorenzo. Viviendas en la avenida de la Albufera

capaces de apoyarle. Las famosas viviendas en la M-30 (encargadas por Mangada después de un concurso restringido entre grandes nombres) y los nuevos recintos feriales son de un Oíza que centra más su actividad en otros lugares: Bruselas, Navarra, Sevilla, Extremadura, etc.

Algo más hay en Madrid, desde luego. El Auditorio Nacional, de José María García de Paredes, y la remodelación del Centro de Arte Reina Sofía por Antonio Fernández Alba primero y por José Luis Íñiguez de Onzoño y Antonio Vázquez de Castro después, nos obligan a aumentar la lista. Y hasta hemos de reconocer que, paradójicamente, Juan Navarro Baldeweg inició su obra en Madrid con dos actuaciones de la Puerta de Toledo. Esto fue, como se recordará, producto de un concurso que estuvo casualmente en manos de algunos habitantes de las bodegas: arquitectos y profesores que, reconociendo a Navarro bajo sus pulcros dibujos, le hicieron triunfar e iniciaron su ya afortunada carrera. Los frutos mejores de este descubrimiento no estarán, sin embargo, en Madrid: serán Barcelona, Salamanca, Mérida, Turín y otros lugares los que los aprovechen.

UNA METRÓPOLI PROVINCIANA

Podríamos proseguir con este rastreo, pero sería demasiada y engañosa buena voluntad. Si uno es paciente encontrará un buen número de

5 y 6. Navarro Baldeweg: Palacio de Congresos en Salamanca. Moneo y Solá-Morales: Illa Diagonal, Barcelona

obras menores cualificadas. Pero ¿es esto lo propio de una metrópoli? ¿No es más bien el nivel de actuación que correspondería a una ciudad de provincias?

En lo verdaderamente importante, en lo metropolitano, y además de lo ya citado, ¿dónde está Sota?, ¿dónde están Corrales y Molezún?, ¿dónde está Cabrero?, ¿dónde están Fisac, Cano, Carvajal, Casariego, Ferrán, Feduchi...?, ¿dónde están los Casas, Pérez Pita, Perea, Casares, Vellés, Campo, López Cotelo...?, por citar sólo algunos, bien pocos, de los valores ya maduros. ¿Dónde están los valores que deberían haberse consolidado ya, y los novísimos valores? ¿Dónde están tantos y tantos otros que han contribuido a que esta ciudad tenga una cultura arquitectónica muy alta, pero que, al contrario que en Barcelona, carecen de oportunidades en ella, si es que las tienen en alguna parte?

Es bien sabido como en Barcelona ocurrió todo lo contrario, hasta tal punto que ha sido en estos años, y por primera vez en la historia, cuando los arquitectos barceloneses superaron en calidad y en cantidad a los del resto de la península, cosa que no había ocurrido antes de los 70, si no es en el Modernismo y acaso en el GATEPAC, mal que pueda pesarle al sector catalanista de la crítica.

Y es que allí los arquitectos de calidad han tenido y tienen obras de importancia en su propia ciudad, cosa que en Madrid no ocurre. En Barcelona, la lista de los que están brillantemente presentes en la ciudad es larguísima y no me resisto a hacerla en parte, pues por sí misma es elocuente: MBM, Correa, Bofill, Nadal, Solá Morales, Amadó y Domenech, Clotet y Paricio, Tusquets, Piñón y Viaplana, Garcés y Soria, Bach y Mora, Martínez Lapeña y Torres, Bonell y Tius, Artigues y Sanabria, Miralles y Pinós, Mateo, Bru, Ferrater... Ello nombrando sólo a los más conocidos, cuya presencia física en la capital catalana ha hecho, y aún completará, una nueva Edad de Oro de la arquitectura barcelonesa después del Modernismo.

Como para Larra escribir en sus tiempos, hacer arquitectura en Madrid —quiero decir, intentarlo ingenuamente— es llorar, o bien morirse, al menos de aburrimiento. Todo espejismo acerca del comportamiento ilustrado de la democracia ha quedado reducido a los gestos propios de la transición, y aquélla ha mostrado al fin su cara políticamente fiel y honesta; esto es, cruelmente representativa: la ciudad semeja volver, poco a poco y culturalmente hablando, a aquella que hoy parece ser de nuevo su verdadera naturaleza social; a lo que se conoció como el franquismo sociológico, auténtico sustrato humano y cultural de la capital, al que, por lo visto, hay que resignarse sin remedio. Así, si en Barcelona la arquitectura de calidad es hoy por hoy parte integrante —o lo ha sido al menos para haber dejado ya huella profunda en la realidad— de su cultura humana, y la ciudad —siempre narcisista— se enorgullece de ello y lo propaga, en Madrid, en cambio, y como se ha dicho, la arquitectura es una cultura maldita, *underground*, tan socialmente ignorada como físicamente inexistente.

Pero aún hay más —se preguntaba el autor en 1992—: ¿podrán resistir las buenas bodegas arquitectónicas el hecho de no trabajar para la propia ciudad? Dicho de otro modo, ¿serán suficientes los encargos de provincias, o los del extranjero, para mantener viva la cultura arquitectónica madrileña? De algún modo no, pues la falta de oportunidades para la práctica cualificada y metropolitana, sea ésta en Madrid o en provincias, disminuirá y traumatizará nuestra cultura en alguna medida. No participar en la realidad de la metrópoli no puede tener, a plazo medio, otro resultado.

LABORATORIO URBANO

Pero, al cabo, y para ser justos, ha de hablarse de una parcela de la realidad metropolitana reservada casi totalmente a la arquitectura más cualificada. Es ésta la de la vivienda social de promoción pública, iniciada en los primeros tiempos de la transición y convertida en el laboratorio urbano de un modo de entender la ciudad periférica que había puesto ya en crisis las ideas modernas, aun cuando tuvo que insertarse en sus instrumentos urbanos más convencionales.

Resto del despotismo ilustrado, la importante serie de operaciones residenciales iniciadas en la periferia proletaria madrileña al final de los años setenta enlaza con la tradición moderna de investigación sobre los usos residenciales en torno a las viviendas populares y, en lo nacional, con las realizaciones del franquismo, que cumplieron ya en el pasado el mismo papel de residuo destinado a una alta cultura arquitectónica que no tenía otra inserción significativa en la realidad.

Conducidos primero por los arquitectos asesores de las Asociaciones de Vecinos —que lograron la construcción de las viviendas— y finalmente, y en general, por la Comunidad de Madrid y por la Empresa Municipal de la Vivienda, algunos equipos de arquitectos han podido ensayar en la realidad sus nuevas preocupaciones en torno a la vivienda colectiva como cuestión urbana por un lado, haciendo avanzar enormemente, por otro, el diseño de los tipos residenciales.

Cuando se proyectaron las remodelaciones de Orcasur, Orcasitas y del primer Palomeras, el modelo de periferia residencial obtenido desde la ideología moderna del planeamiento no podía estar, como se recordará, más desprestigiado. Su desprestigio se producía en

7. Casas y Lorenzo: Consejería de Agricultura en Toledo

ambientes profesionales ligados a las escuelas de arquitectura, lo que resultaba entonces extremadamente importante porque una nueva generación de arquitectos, de administradores y de políticos surgía al compás de la instauración democrática, y necesitaba un armamento dialéctico poderoso: la nueva cultura arquitectónica urbana y residencial les ofreció entonces ese servicio.

Los arquitectos de estos barrios, en su pacto con la realidad, llevaron adelante cuestiones de alto interés. Intentos sistemáticos como los del grupo formado por Valdés, Vellés y Mapeli en Orcasitas —en busca de un orden urbano capaz tanto de dar una nueva imagen a la ciudad moderna como de hacer una disposición más inteligente del espacio libre— forman hoy el inicio de una larga y afortunada historia. Su ambición de llevar a la periferia algunos de los valores del ordenado ensanche mediante las manzanas fue continuado, años

8. Moneo: Auditorio para el Ayuntamiento en la plaza de la Catedral, Murcia

más tarde, por las también atractivas realizaciones de López-Peláez, Frechilla y Sánchez.

El grupo Casas hizo avanzar notablemente los estudios de los tipos de viviendas. El de las torres para Orcasur fue tan perfecto en su trazado y dimensiones que puede considerarse canónico, y es posible verlo, con vida propia, en manos de otros profesionales. Pero el mismo grupo resolvió también, con otros varios, el problema más antipático que se planteó en las remodelaciones: el de la gran densidad, unido al de la disposición urbanística confiada en los esquemas más convencionales del planeamiento parcial. Los grandes bloques de los

9. Navarro Baldeweg: Consejería de la Comunidad, Mérida

Casas en Palomeras son el afortunado testimonio de una gran calidad obtenida en las más duras condiciones, y en los que el problema del espacio urbano y de su imagen se ha resuelto con éxito al tiempo que se ha logrado cualificar notablemente el diseño de los tipos. Otros ejemplos en el mismo barrio (los del Estudio 2, los de Junquera y Pérez Pita, los del grupo de Pablo Carvajal, los de Carlos Ferrán y los de López-Peláez, Frechilla y Sánchez) lograron este dominio cualificado de la densidad y de la gran escala a pesar de no poder librarse de algunas de las duras convenciones del urbanismo moderno.

Más adelante, nuevas obras de los Casas, o de estos mismos con Peña y con Cruz y Ortiz (Carabanchel) fueron planteadas en mejores condiciones de densidad y altura, llegando a poder demostrar, lúcidamente, que las ventajas de los barrios abiertos no estaban necesariamente reñidas con los problemas de la imagen adecuada y del orden urbano. Edificaciones compactas de escasa altura transformaron en virtud la obligación urbanística y dieron un paso más

10. Cruz y Ortiz: Estadio de Atletismo para la Comunidad de Madrid

en la reflexión acerca de la residencia urbana, una reflexión que se había iniciado en las Escuelas de Arquitectura con la oposición a los esquemas modernos.

VIRTUDES PÚBLICAS

Todo ello está ya consumado, y las revistas han dado cuenta de las últimas aportaciones de un proceso que sigue basándose en apreciaciones similares y que resulta segur siendo la única aportación que la ciudad ha hecho real desde su propia cultura arquitectónica.

Una cultura que, desde la propia cualidad subterránea que se ha explicado, ha aflorado tan sólo en la periferia, como correspondía a su naturaleza marginal, y ayudada por las muletas de la administración y por la propia condición social —gratuita casi— de las edificaciones.

Pero incluso podría decirse que las virtudes públicas están en trance de desaparecer rápida y definitivamente, y que sólo en las bodegas subsistirá, acaso, la disciplina cualificada.

Cabe siempre el consuelo de pensar que Madrid tiene ya una vieja y consolidada estructura de capitalidad, de metrópoli, y que además de ser resistente a los cambios por su carácter completo, en ella se juega diaria y hasta violentamente la vida capitalista, azarosa y cruel, en la que no caben contemplaciones. Esto quiere decir que Madrid es muy moderno, tanto que no tiene ya arquitectura de autor, que ha sido expulsada por su anacronismo de la vital metrópoli.

Según esta interpretación, Barcelona sería no tanto una capital cuanto una magnífica, culta y gran ciudad en la que todavía existe una sociedad burguesa, incluso vagamente articulada, que es capaz de sentir la ciudad como propia y proteger y hacer operativa una cultura que, por otro lado, es ya tradicional.

Puede que haya algo de cierto, y hasta de consolador, en esta interpretación, si bien, con respecto a Madrid, la tesis queda desmentida por el panorama de algunas capitales europeas, que, con el príncipe o contra el príncipe, se transforman al menos con una mayor intensidad e intención.

OCASIONES Y PROMESAS

Pero en Madrid hay obras, bien es cierto, aunque no podamos alegrarnos casi nunca cuando se hacen visibles. Y hay transformaciones metropolitanas, además de ocasiones pendientes a las que difícilmente llegará a hacerse caso. Veinticinco años después podemos afirmar que hubo especiales desastres, como la torre que se levantó entre el Arco de Triunfo y el Museo de América, contribución de los concejales neofranquistas al deterioro que corroe a la Ciudad Universitaria, antes protegida por tantos regímenes políticos de signos diversos.

Hubo sin embargo algunas promesas de carácter distinto. La Comunidad Autónoma (¿Mangada?) convocó un concurso para una Ciudad del Deporte con un gran estadio, que ganaron los arquitectos sevillanos Cruz y Ortiz. Cuestión más periférica aún, fue una muy importante promesa madrileña, aunque es tan periférica que ya no parece estar siquiera en Madrid. El Museo de la Defensa, proyectado por Siza Vieira, no se llegó a construir. Hubiera sido magnífico tener en Madrid un gran Museo del maestro portugués. Observen, sin embargo, que ninguna de estas buenas nuevas afecta a un arquitecto de la ciudad.

Por otro lado, nadie habla, por ejemplo, de la ampliación del Museo del Prado, imprescindible después de destinar Villahermosa a una importante colección particular gestionada por el Estado. La ampliación exige un edificio grande, de nueva planta y muy cualificado; lo demás sería hacer mal las cosas. Tanto más cuanto que para el magnífico edificio de Villanueva, lo mejor del neoclásico español —casi lo mejor de Madrid— sigue pendiente la recuperación del bello pabellón original, destruido y tergiversado desde antiguo por las adiciones posteriores y las reformas internas, aportaciones que habría que tener el valor de derribar. Imagino el edificio de Villanueva espléndido, fiel a su proyecto como pabellón exento, con lo más importante de la colección de pintura. Lo demás, con sus servicios, debería de estar en un nuevo edificio.

UNA AUTOPISTA DE ORO

Podría recorrerse con detalle la ciudad para encontrar otras importantes ocasiones, pero bástenos ahora recordar un episodio crucial de la metrópoli, la autovía M-30, cuya condición ya no es periférica y que será con el tiempo más central todavía. Su necesaria transformación en un elemento más urbano que una autopista supone una ocasión de oro para la ciudad.[3]

[1] En cuya realización inteligente, desde luego, no confío.

11. Vicens y Ramos: Facultad de Ciencias de la Información en Pamplona

Pero aún cabría el consuelo de ver Madrid como una ciudad-collage, de disfrutar con la metrópoli como inmenso artefacto, estéticamente atractivo hasta en sus realidades más duras, por su impronta puramente paisajística y densamente urbana.

Cabría, tal vez, conformarse con este disfrute cierto de la metrópoli —pictórico, fotográfico o cinematográfico— si no fuera por el deterioro reciente de algunos de sus episodios más conseguidos. Para entrar en Madrid, por ejemplo, nada era más bello, nada anunciaba mejor una gran ciudad, que la autovía de La Coruña. Ya no, o al menos ya no tanto. En la autopista —en los territorios de municipios pequeños y también en el de la capital— infectos conjuntos de espantosas viviendas en hilera, semejantes a una plaga que hubiera crecido espontáneamente, ofrecen el peor paisaje posible al tiempo que muestran la peor manera de vivir. En la autovía, horrísonos y baratos edificios de oficinas —hay alguna excepción— han colmado en muy poco tiempo los espacios vacíos, impidiendo la ampliación y destrozando visualmente el lugar. En Puerta de Hierro ha desaparecido la magnífica y característica gasolinera y la propia puerta ocupa un sitio tangencial: lo mejor sería quitarla, pues ha quedado en ridículo y el lugar ha sido completamente destrozado con la nueva reforma

12. Moreno Mansilla y Tuñón: Auditorio de León

de las vías. Hubo un concurso, pero se ve que eligieron lo peor. El trayecto se rematará en breve con la mencionada torre moderna al lado del Arco de Triunfo, que ha estropeado ya la única escenografía urbana completa y lograda del historicismo de posguerra.

VOTOS PARA EL FUTURO

¡Ay, Madrid, qué desastre! Bien es verdad que sigue quedando un consuelo castizo —La Cibeles, la Castellana, la Puerta del Sol...—, aunque tal vez sea por poco tiempo, dadas las irrefrenables ansias

13. Moreno Mansilla y Tuñón: Archivo y Biblioteca de la Comunidad de Madrid

de fabricar túneles e infraestructuras varias que obsesionan al Ayuntamiento de derechas. Claro que nos compensan con estatuas, eso sí, de imborrable recuerdo.

A mi entender, no hay esperanza. Las bodegas, ocultas como logias, casi clandestinas, acaso sigan produciendo discursos indescifrables para ser cuidadosamente guardados en los armarios, para construirse lejos o para publicarse en papeles que sólo las bodegas atienden.

Madrid no necesita muchos arquitectos, o al menos no necesita muchos buenos proyectistas. La masiva Escuela de Arquitectura fabrica así, en su mayoría, gentes para ninguna parte, pues hay ya incluso muchas Escuelas en las demás regiones. Nos pareceremos enseguida a monstruos como la Facultad del Politécnico de Milán o la de la Universidad Metropolitana de Buenos Aires. Esto es, a Escuelas aparcamiento de jóvenes que no podrán trabajar casi nunca en arquitectura, sepan o no sepan hacerla, y que, finalmente, ya no sabrán, porque lo que no se usa se atrofia sin remedio.

Pero como enunciar el futuro es sin duda errarlo, espero equivocarme, y que al menos las bodegas, las entrañables y secretas bodegas, continúen tan vitales y tan abstractas.

ANTECEDENTES Y EXCEPCIONES

Todo lo anterior lo escribía en 1991 quien ahora lo hace. Y puede decirse que resulta todavía hoy una explicación bastante convincente y bastante real, aun cuando pueda parecer cruel, del panorama arquitectónico de Madrid en aquella época.

No obstante podemos comentar con brevedad tanto las excepciones como, sobre todo, las grandes obras que hicieron los arquitectos fuera de la ciudad, muy representativas y muy expresivas de la alta cultura arquitectónica de las «bodegas» madrileñas.

Como excepciones podemos citar algunos antecedentes, ya aludidos. De un lado, la gran remodelación de la estación de Atocha, de Rafael Moneo, que no sólo puso en valor dicha estación, sino que consolidó con ella el gran eje ferroviario que une, bajo la Castellana, las estaciones de Atocha (al Sur, fig. 1) y la de Chamartín (al Norte), importantísima organización de infraestructura del transporte que ya había pensado Secundino Zuazo en los años 30, y que en alguna parte realizó ya entonces. Esta recuperación fue algo providencial, pues el

14. Perea: Parroquia de Santa Teresa de Jesús en Tres Cantos (Madrid).

gobierno central, con insólita miopía, quería eliminar la estación Sur. Su conservación y remodelación la debemos al arquitecto Eduardo Mangada, entonces Concejal de Urbanismo del Ayuntamiento de Madrid (siendo alcalde Enrique Tierno Galván), que con gran lucidez y eficacia política consiguió que se realizara.

En un tiempo semejante (de 1979 a 1983), Rafael Moneo realizó también el Museo Nacional de Arte Romano en la ciudad extremeña de Mérida (fig. 2), hoy capital de la Comunidad Autónoma de Extremadura. Concebido como un edificio que debía cubrir un importante yacimiento arqueológico próximo a las grandes ruinas del Anfiteatro y del Teatro, Moneo realizó una hábil y lograda representación del espacio romano, una eficaz y atractiva evocación que sirvió para alojar el museo, y que generó el mejor edificio de su tiempo, pues hoy podemos considerarlo como una obra muy importante y significativa del siglo XX a escala internacional. No es la ocasión ahora de desarrollar lo que este magnífico edificio es, pues nos llevaría demasiado espacio; y es, por otro lado, sobradamente conocido.

También nos habíamos referido a las edificaciones municipales realizadas por Juan Navarro Baldeweg en la plaza de la Puerta de Toledo (fig. 3). Es una actuación muy representativa de la cultura arquitectónica de la época, ya que representa el modo en que una serie de edificaciones exentas, o casi exentas, de carácter abierto, pueden remodelar positivamente un lugar urbano deteriorado y nunca finalizado y hacerlo con un total respeto y aprecio por la forma urbana tradicional y cerrada del lugar. Aquí Madrid también estuvo de enhorabuena.

Por último dentro de estos antecedentes, podemos destacar el conjunto de torres de baja altura realizado por los hermanos Manuel e Ignacio de las Casas y por Jaime Lorenzo en el sector de Palomeras de la Avenida de la Albufera (fig. 4) con el que queremos representar la gran cantidad de acertadas operaciones de residencia social de promoción pública de las que ya se ha hablado en el texto antiguo reproducido, y que constituyeron, como se había dicho, lo más cualificado y representativo de la construcción de la ciudad periférica.

RACIONALISMO ECLÉCTICO DENTRO Y FUERA DE MADRID

Si pasamos ya a la época más próxima al año 1992, y nos vamos fuera de Madrid, encontraremos una importante cantidad de obras singulares hechas por arquitectos madrileños que, críticamente, podríamos agrupar como parte de la tendencia que, hace ya muchos años, denominé como racionalismo ecléctico. Esto es, como una arquitectura que a la recuperación de la tradición racionalista añadió la importancia de la construcción material y de su expresión, el cuidado por el servicio a la forma de la ciudad y a la cualidad de su espacio urbano, y algunas lecciones, tan sabias como moderadas, obtenidas de la historia de la arquitectura. Con este racionalismo ecléctico los arquitectos de Madrid supieron aprovechar la época llamada posmoderna sin caer en ninguna de las exageraciones ni en las tonterías de algunos arquitectos extranjeros y de algún sedicente arquitecto español. Las obras comentadas inmediatamente antes pueden incluirse también en este amplio y diverso apartado.

Una de ellas fue el Palacio de Congresos de Castilla y León en la ciudad de Salamanca (1985-92), ganado en concurso por Juan Navarro Baldeweg (fig. 5). Atentísimo a su importante y delicado lugar, Navarro supo realizar este volumétrico complejo acudiendo a una interpretación moderna y analógica del espacio interior a la manera romana, en el gran auditorio —un Panteón moderno—, y al de la manera griega (o de Mies van der Rohe, si se prefiere así), en el pequeño pabellón de exposiciones. Este edificio significó la consagración de Navarro como arquitecto maduro, y fuera de Madrid.

En las mismas fechas (1985-92), Rafael Moneo realizó en Barcelona (con Manuel Solá-Morales) el gran edificio de la «Illa diagonal» (fig. 6), que ocupa el largo de varias manzanas en dicha avenida principal barcelonesa. Un atrevimiento urbano muy logrado, de arquitectura figurativamente muy moderada, y con atractivos acentos tanto en el perfil urbano escalonado como en el interior de su galería comercial, notable contribución a la cualidad y a la vitalidad de la ciudad. Comparado con un «rascacielos horizontal», sería muy difícil encontrar fuera de España un edificio tan grande y tan acertado. Podríamos añadir también, y en las mismas fechas, la realización del Auditorio, igualmente en Barcelona.

En 1989-1992 Manuel e Ignacio de las Casas (con Jaime Lorenzo) realizaron la Consejería de Agricultura de la Comunidad Autónoma de Castilla-La Mancha en Toledo (fig. 7). Incluida en la misma tendencia, que prueba así su fertilidad, el edificio es muy elocuente muestra de su independencia racionalista, de un lado, y de su adecuación y oportunidad para la histórica ciudad de Toledo, de otro. Se trataba de la primera vez que una arquitectura de notable tamaño, de carácter oficial y plenamente moderna demostraba su capacidad para insertarse con fortuna en la ciudad imperial.

En 1991-98 Rafael Moneo realizó para el Ayuntamiento de Murcia un edificio conteniendo un auditorio que se enfrentó con adecuación y fortuna a la gran fachada barroca de la catedral, acudiendo así a la antigua y tradicional representación de los poderes en el espacio urbano. Su fachada, estrictamente racionalista, pero de composición libre, algo alambicada y casi musical, cumplió y cumple su papel con

15. Moneo: Museo Fundación Miró en Palma de Mallorca

excelente acierto. Otro logro importante de la intervención de la arquitectura moderna en la ciudad histórica, y otro ejemplo cualificado de lo que hemos llamado el racionalismo ecléctico.

Otro ejemplo, todavía de esta tendencia y de la inserción en lugares históricos con arquitectura del racionalismo ecléctico, ha sido la Consejería del Gobierno de Extremadura realizada en Mérida (1992-95) por Juan Navarro Baldeweg, al borde del Guadiana (fig. 9). También podría añadirse el edificio para la Previsión Mutua en Sevilla, de Rafael Moneo. Con estos dos últimos ejemplos tendríamos ya muchas muestras cualificadas de esta tendencia en relación con la ciudad histórica, y resulta curioso observar que todas las cosas citadas hasta ahora son sólo de tres arquitectos o grupos madrileños, Rafael Moneo, Juan Navarro Baldeweg y los hermanos Casas. Naturalmente podrían rastrearse muchos otros ejemplos de obras de arquitectos de Madrid fuera de su ciudad, pero baste para nuestros intereses lo hasta ahora reseñado.

Si seguimos con el «racionalismo ecléctico», podemos acudir a una cosa bien distinta: los arquitectos de fuera de Madrid trabajando en la capital. El caso más importante es el del Estadio de Atletismo para la Comunidad de Madrid (1989-94) de los arquitectos sevillanos Antonio Cruz y Antonio Ortiz (fig. 10), que ahora, lamentablemente, se ha debido reformar para ser el estadio del equipo de fútbol del Atlético de Madrid y que ha perdido con el cambio algunos de sus acertados valores.

Pero veamos también algunos casos de otros arquitectos, algunos más jóvenes, y sin salir de esta tendencia. De Alberto Campo (de la misma generación que Ortiz y Cruz) ha de reseñarse el edificio de la Caja de Ahorros de Granada (1992-2001), muy significativo y claro dentro de su conocida manera, y ejemplo importante de la práctica de la «forma compacta». Puede citarse también la Facultad en la Universidad de Navarra (1904-96) de Ignacio Vicens y de Ramos (fig. 11), en un racionalismo purista y elegante, muy propio también de su manera y de algunos arquitectos cercanos, como es el anterior.

Yendo hacia una mayor juventud, resulta significativo encontrar las obras de Luis Moreno Mansilla y de Emilio Tuñón, antiguos ayudantes de Moneo, que podemos encabezar con el Auditorio de León (fig. 12, 1994-2002) y con la reforma y rehabilitación de la antigua fábrica de El Águila, en Madrid (fig. 13, 1996-2000), para Archivo y Biblioteca de la Comunidad. Pero vemos que aquí ya nos vamos saliendo un poco de fecha, y que, acaso consecuentemente, encontramos una obra importante, la segunda, en la ciudad capital. Las dos obras son muy cualificadas, además de muy personales, pero tampoco se salen del amplio apartado que hemos denominado «racionalismo ecléctico».

CONTINUIDAD DE LAS TRADICIONES MODERNAS

Pero no todo fue la repetida y amplia tendencia. Veamos cómo estas formas de hacer, aglutinadoras de lo que se conoció como disciplina, también preparó el camino para posibilidades más libres, podríamos docir. Esto es, para un cultivo del informalismo y de una suerte de neo-organicismo. Es decir, de una continuidad y un enriquecimiento diferente de las tradiciones modernas.

Muy significativa al respecto es la obra de Andrés Perea en la realización de una Parroquia en Madrid (fig. 14, 1985-91), con la que volvemos a las fechas anteriores y que en este caso sí que está en la capital. Es atrevida y brillante y podríamos decir que le representa tan sólo a él, pero que puede servir de bandera para otro modo de hacer, el que nos ocupa, que también tuvo notable fortuna.

Después de lo mucho realizado en la tendencia anterior, no podemos dejar de señalar que Rafael Moneo, fuera de Madrid, también siguió tendencias más libres, muy probablemente en forma absolutamente voluntaria, pero también por atenerse a las características de los sitios o enclaves. Es muy oportuna la cita del Museo de la Fundación Miró en Palma de Mallorca (fig. 15, 1987-92), ejercicio muy atractivo y de sabor aaltiano. Si bien su obra más intensa y afortunada en este camino fue la del Auditorio y Centro de Congresos Kursaal de San Sebastián (fig. 16, 1990-99), en el que Moneo parece mostrarse como el maestro de un nuevo organicismo, practicado al borde del mar Cantábrico. Conviene recordar ahora que los inicios de la obra

16. Moneo: Auditorio Kursaal en San Sebastián

de Rafael Moneo, en los años 60, habían sido absolutamente organicistas, y que en sus interesantes trabajos de juventud practicó muy diversos matices de esta tendencia, que se miraba en Wright y en Aalto, y a la que, en alguna medida, fue conducido por su maestro Sáenz de Oíza.

Pero no abusemos. Acabaremos citando otras dos obras de estas maneras, ya de arquitectos más jóvenes, algo más tardías y una en la región de Madrid. Se trata del Complejo de transformación de residuos de Valdemigómez (1995-99), de Iñaki Ábalos y Juan Herreros, hecha en una interesante manera personal. Y el Auditorio Euskalduna en Bilbao (1995-99), de Federico Soriano y Dolores Palacios, también muy personal, pero que parece evocar con bastante intensidad la maestría arquitectónica del gran Hans Scharoun.

CONCLUSIÓN

Espero haber demostrado lo ya dicho: la escasa fortuna de la ciudad de Madrid para aprovechar a sus grandes arquitectos precisamente en la etapa en torno a 1992 y la alta cultura arquitectónica de la ciudad, expresada sobre todo y en aquellos años en otros sitios diferentes.

Madrid 92 no fue, pues, casi nada, en términos de realizaciones arquitectónicas, como ya queda sobradamente dicho y demostrado. Tanto la ciudad como sus arquitectos hubieran merecido muy otra cosa, lo que deja en mal lugar a políticos y promotores diversos de aquélla época. Con las excepciones apuntadas.

SEVILLA 92: EXPOSICIÓN, ARQUITECTURA Y CIUDAD

Víctor Pérez Escolano

Víctor Pérez Escolano es catedrático de Historia de la Arquitectura y del Urbanismo en la Escuela Técnica Superior de Arquitectura de Sevilla

En Santo Domingo (República Dominicana), el 31 de mayo de 1976, con ocasión de la primera visita oficial por tierras americanas, el rey Juan Carlos expresó su deseo de que una gran exposición internacional permitiera a los pueblos de Iberoamérica *hacer un alarde*. Recién reinstaurada la corona, cuando la transición política no había hecho más que comenzar y no pocos fantasmas sobre la salida del régimen franquista gravitaban sobre la mente de los españoles, el monarca anunciaba un proyecto de Estado en el horizonte de 1992 y la conmemoración del V Centenario de aquel descubrimiento y posterior colonización que forjó la comunidad de naciones hispánicas.

LA EXPOSICIÓN

Con la idea de una exposición internacional en Sevilla para 1992 Juan Carlos rememoraba a su abuelo Alfonso XIII, valedor de la Exposición Iberoamericana de 1929, que tuvo lugar simultáneamente con la Exposición Internacional de Barcelona. Entonces se trató de conjurar las inquietudes surgidas con la pérdida definitiva de las colonias americanas, concitando la voluntad regeneracionista de la encrucijada del siglo XX. Ahora correspondía recoger el aliento de la histórica proyección americana de España, sacándola de las limitaciones y la retórica franquistas. Desde un principio la posibilidad de la Exposición Universal de 1992 enlazaba con el recuerdo de la Iberoamericana de 1929 en Sevilla. Pero los hechos y las regulaciones de las muestras internacionales de la segunda mitad del siglo XX, obligarían a ajustar el objetivo a la realidad, trascendida en una Exposición Universal bajo el título «La Era de los Descubrimientos». El destino también iba a unir en 1992 a Sevilla con Barcelona, sede de los Juegos Olímpicos de aquel año. Y ambas aprovecharían su potencial como operaciones de gran calado territorial, urbano y arquitectónico arrancando las oportunidades de tal coyuntura frente a la crisis económica.

Las vicisitudes que condujeron a la decisión de celebrar la Exposición Universal en Sevilla, su implantación y efectos sobre la realidad urbana de la ciudad, son prolijas y aún existiendo una amplia literatura al respecto,[1] no han sido explicados todos sus entresijos con el suficiente detalle. De igual modo, a los veinticinco años desde su celebración, no cabe aquí más que esbozar sus consecuencias. No obstante, de una y otra cosa podemos apuntar algunos aspectos.

Toda la historia de la ciudad de Sevilla, desde su fundación, está marcada por su vinculación al Guadalquivir. Y las obras hidráulicas también fueron esenciales en el desarrollo urbano de Sevilla en el siglo XX. La Corta de Alfonso XIII permitió modernizar el puerto de Sevilla y marcar la evolución del territorio meridional de la ciudad, siendo clave en la configuración final de la Exposición Iberoamericana como vector de su desarrollo urbano. De manera semejante es referencia obligada la formación de la llamada Isla de la Cartuja, donde se localizó el recinto de la Expo'92, suelo resultante de la ejecución de la corta de ese nombre.

Planteada tras las graves inundaciones sufridas en 1963, incluida en el II Plan de Desarrollo y cuyo proyecto aprobó el Consejo de Ministros en 1969, la corta se redactó entre 1970 y 1972 y las obras se iniciaron en 1975, concluyéndose en 1982. Su realización afectó a 1.130 hectáreas, y lo que en el proyecto hidráulico aparecía como un gran parque metropolitano, en 1973 devino como zona extensiva edificable. No se suele recordar que en ese mismo año, en las postrimerías del franquismo, el Ayuntamiento llegaría a adoptar el acuerdo de cegar el meandro de San Jerónimo con las tierras que se extrajesen al abrir la nueva corta. El propósito de extender la ciudad a poniente tomaría cuerpo con la solicitud municipal de aplicar lo dispuesto en el Decreto-Ley de 1970, una ACTUR («actuación urbanística urgente de gran utilidad social») mediante un polígono residencial en los suelos liberados por la corta para casi 88.000 viviendas, y a cuyo amparo, en 1974, se inició un proceso expropiatorio. De esta manera, la titularidad pública de la Isla de la Cartuja se convirtió en una expectativa de transformación del territorio de la ciudad que facilitaría extraordinariamente hacer realidad la localización de la Exposición pocos años después. Lo cual vino a coincidir con el proceso de transferencias de la Administración General

[1] Para información complementaria remito al libro *Expo'92 Sevilla. Arquitectura y diseño* (Milán/Sevilla: Electa/Expo'92, 1992), en el que se encuentra mi capítulo «Sevilla. Exposición y Ciudad», pp. 27-43; y Víctor Pérez Escolano, *Sevilla'92. Reflexiones arquitectónicas sobre un año extraordinario*, Documentos de Arquitectura 24 (Almería: Colegio de Arquitectos, 1993).

1. Corta de la Cartuja y Expo'92

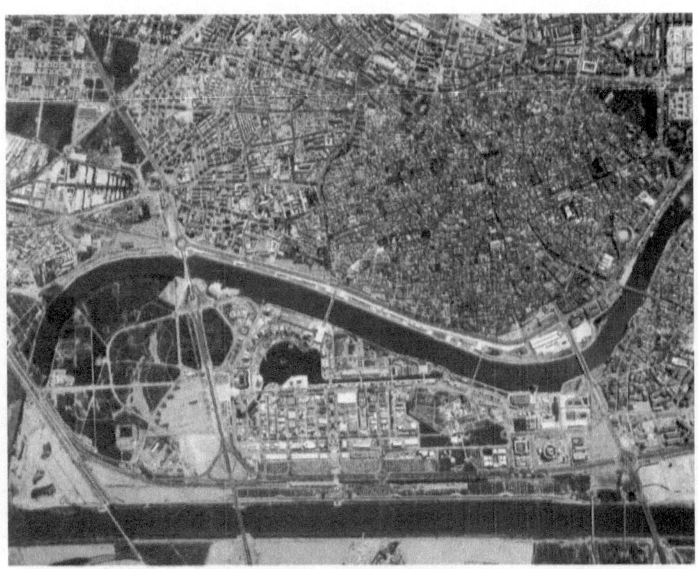

2. Expo'92. Fotoplano

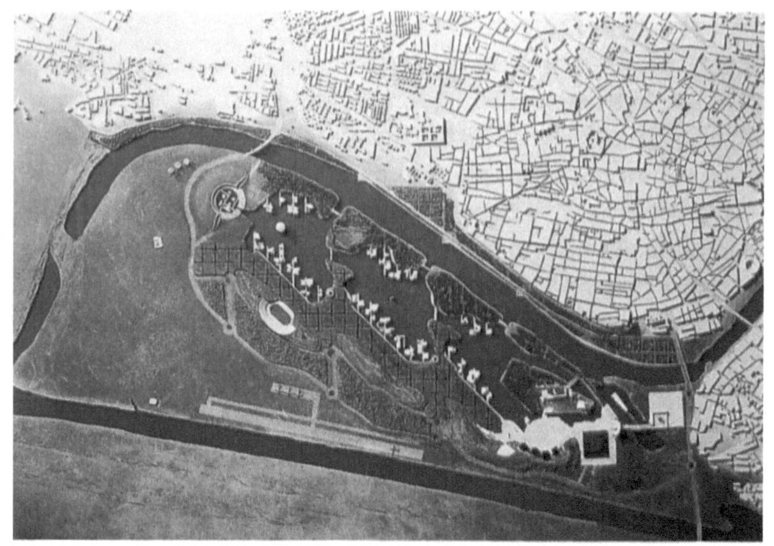

3. Emilio Ambasz: Propuesta para la Expo'92

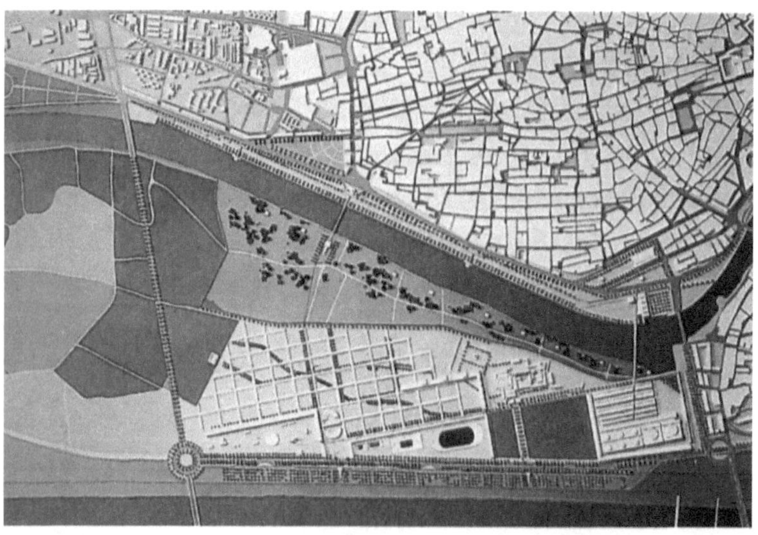

4. Junquera, Pérez Pita y Fernández Ordóñez: Propuesta para la Expo'92

del Estado a la Autonomía, de manera que la Junta de Andalucía adquirió un papel muy importante en el proceso.

Formalizada la candidatura en 1982, el Bureau International des Expostions (BIE) decidió otorgar a Sevilla la sede, en principio compartida con Chicago, para la celebración de una exposición universal, del máximo nivel internacional, conmemorativa del Quinto Centenario del Descubrimiento de América.[2] Designar a Sevilla sede fue un hecho excepcional, al tratarse de una ciudad histórica de primer orden, pero la más meridional, con menor población y menos desarrollada de cuantas habían afrontado un evento de tal magnitud. La necesidad de encarar cambios urbanos y territoriales extraordinarios exigió, junto a la planificación propia de la Expo'92, el soporte simultáneo de un Plan General de Ordenación Urbana cuyos objetivos, también de manera excepcional, fueron alcanzados en su práctica totalidad. Pero una de la transformaciones mas significativas, la mejora de la relación entre la ciudad y su río no encontraría la aportación decisiva que pudo tener y no tuvo, el diseño centrípeto del recinto de la Exposición Universal.

Sevilla partió de las bases retóricas de los grandes eventos programados por el BIE: una referencia conmemorativa, el Quinto Centenario del Descubrimiento de América por Colón y un objetivo genérico, «La Era de los Descubrimientos». Pero utilizó esa oportunidad para acometer la transformación de un gran segmento de espacio estratégico sobre 415 hectáreas de terreno rural a poniente de la ciudad de Sevilla, apoyándose en el río Guadalquivir pero, como hemos dicho, sin comunicarse con él en el tramo de dársena inmediato al centro histórico, aprovechando las obras hidráulicas que alejaba el ancestral peligro de inundaciones. Esa extraordinaria operación urbanizadora fue posible como parte de la construcción de la ciudad como capital administrativa de la Comunidad Autónoma de Andalucía, como dinamización del espacio metropolitano, y como oportunidad tanto de articulación regional como de equilibrio norte/sur en España, al amparo de las políticas europeas orientadas a ese propósito.

[2] Tras las exposiciones universales celebradas después de la Segunda Guerra Mundial en Bruselas, Osaka y Montreal, a las que cabría añadir la Feria de Nueva York, de dimensión y contenidos equivalentes, aunque no vinculada al BIE.

5. Guillermo Vázquez Consuegra: Pabellón de la Navegación

Sevilla se transformó para 1992 mediante un impulso de naturaleza extraordinaria, con recursos copiosos estimados, entre inversiones públicas y privadas, en 7.165 millones de euros (1.192.160 millones de pesetas de ese momento). Pero también con sistemas de intervención que alteraron el orden y el tiempo de la planificación ordinaria. La diferencia está en el distinto rendimiento extraído de la coyuntura, y en la escala y modelo de intervención. Consideración aparte merece las cualidades del diseño y ejecución de espacios e infraestructuras territoriales y urbanas, y la colección de obras singulares de arquitectos de prestigio o fama como Ando, Grinshaw, Calatrava..., elenco al que se verían definitivamente incorporados algunos sevillanos como Vázquez Consuegra y Cruz y Ortiz.

LOS MODELOS DE EXPOSICIÓN

En 1981 el Colegio de Arquitectos promovió un concurso de ideas alternativas a las de naturaleza especulativa, antes de que el pro-

6. Paseo de Cristóbal Colón y Torre Sevilla

pósito de la Expo'92 tomara la salida, y en el que hubo propuestas
sugestivas. Para la candidatura al BIE, la Junta de Andalucía llevó
un esbozo gráfico que mostraba la ignorancia que entonces tenía
respecto a lo que semejante evento podía ser. Designado Manuel
Olivencia como Comisario General, después de un intento inicial
de que lo fuera Ricardo Bofill, se convocó un concurso internacional restringido del que resultarían ganadores ex-aequo propuestas
incompatibles de Emilio Ambasz y Junquera, Pérez Pita y Fernández
Ordóñez. El trazado del recinto, combinando algunos elementos, se
realizó de oficio, con el propósito de no demorar por mas tiempo el
inicio de las obras, para lo que fue necesario otorgar todos los poderes ejecutivos al ingeniero Jacinto Pellón, de experiencia probada al
frente de grandes obras públicas.

Respecto al modelo de exposición propiamente dicha, como hemos
apuntado, se optó por la inercia de los certámenes precedentes, un
recinto concentrado y ensimismado, frente al modelo desagregado de
partes, que algunos proponían, a la manera de como París enfocaba
su frustrada Exposición para 1989, conmemorativa de la Revolución
Francesa. Ello hubiese significado distribuir recursos en sectores
urbanos inmaduros a lo lago de todo el trayecto del Guadalquivir,
incluido el aprovechamiento del espacio resultante de las obras eje-
cutadas décadas atrás para el frustrado canal de navegación hasta el

Atlántico. Pero los responsables de la Expo'92 se ciñeron a la localización concentrada en el área expropiada tras la Corta de Cartuja al amparo de un ACTUR residencial, que le daba pleno y reciente dominio a la administración regional después de las transferencias derivadas de la asunción de la autonomía regional, haciendo valer también su potente centralidad y al amparo de sus valores simbólicos. Esta decisión de la nueva jerarquía administrativa marcaría la prevalencia conceptual del Plan Director de la Expo'92 sobre el Plan General de Ordenación Urbana municipal.

La operatividad de esa concentración venía avalada también por la confianza que daba el modelo canónico probado en anteriores eventos. Bien es cierto que sobre ciudades y economías nacionales mas desarrolladas. Pero ese diseño convencional de la Exposición, como hemos dicho, llegó al extremo de eludir el vínculo fluvial del recinto y sus pabellones, salvo excepciones muy singulares como el Pabellón de la Navegación, aunque cegado en el tratamiento expositivo interior. No obstante, el corazón arquitectónico de este territorio dio nombre a toda la isla: la antigua Cartuja de Santa María de las Cuevas.

El borde meridional configura un ámbito de carácter administrativo, incluida Torre Triana, la sede de nueva planta de mayor envergadura de la Junta de Andalucía. Sobre el espacio resultante de la demolición del Pabellón de los Descubrimientos se planteó establecer la Gerencia Municipal de Urbanismo, para la que se llegó a realizar un concurso, ganado por J. A. Carbajal, aunque no se ejecutó. Pero en ese sector inmediato a Triana si se ha realizado la mayor operación post-expo por parte de la iniciativa privada, el rascacielos ahora denominado Torre Sevilla (proyecto de César Pelli), y en cuyo espacio subterráneo se ha instalado el Caixaforum andaluz.

La gran superficie septentrional, más distanciada de la ciudad, fue desde el primer momento diseñada como un gran parque metropolitano de eficacia comprobada, al que se vinculan algunas operaciones arquitectónicas de importancia, como la sede y estudios de la Radiotelevisión Española, y el Estadio (Cruz y Ortiz) que en 1999 fue el escenario de los Campeonatos Mundiales de Atletismo, construido como aval de la frustrada candidatura olímpica 2016 de Sevilla.

7. Cruz y Ortiz: Estadio de la Cartuja

El recinto propiamente dicho de la Exposición, donde restan algunos ejemplos arquitectónicos valiosos, completa lo que se quiso denominar Sevilla Tecnópolis, y hoy sigue denominándose comúnmente como Cartuja'93. Pero la conjunción de usos que encierra manifiesta los efectos más negativos de un diseño escasamente previsor de su complejidad y, aún menos, de su vocación urbana. Carente de usos residenciales y celosa durante años de la puesta en mercado de los suelos de titularidad pública, Cartuja'93 fue la idea de la postexposición presidida por un Parque Científico-Tecnológico; del que se segregó lamentablemente un área de ocio/parque temático (Isla Mágica), de acceso inmediato desde la Barqueta, manipulando el lago que fue el más relevante espacio abierto del recinto y en donde tuvieron lugar los usos lúdicos mas reconocidos en la memoria del certamen. Desatino que también ocupó el área circundante de los pabellones autonómicos que fueron demolidos o trasladados. Es más, en su

8. Expo'92. Lago y Pabellón de España

borde también emerge el establecimiento de un campus universitario
en el que destaca la Escuela de Ingeniería, a partir de lo que durante
el certamen se llamó Plaza de América. Por su parte, el Parque Científico-Tecnológico goza de un pulso general mas relevante de lo que
se tiende a reconocer, al contar con numerosas empresas dedicadas a
actividades específicas (I+D, formación y tecnologías avanzadas) con
una importante ratio en la generación de puestos de trabajo y del porcentaje del producto interior bruto de la ciudad.

Pero la herencia de la Expo'92 trasciende con mucho al recinto y su
área expositiva. La innovación de los sistemas de comunicaciones
con nuevas redes tanto viarias urbanas —40 km de rondas y avenidas
en Sevilla— e interurbanas, así como ferroviarias —con el tren de alta
velocidad entre Madrid y Sevilla, primera línea europea en España—,
de transportes (nuevas estaciones aeroportuarias, ferroviarias, y por

carretera), y de comunicaciones. Junto con sus nuevos paseos, las infraestructuras (los nuevos puentes) o el equipamiento hotelero y cultural (Teatro de la Maestranza), son las coordenadas definitorias del carácter de la Sevilla de 1992 visto desde el siglo XXI. Habría que añadir el impacto de la Expo'92 (18 millones de visitantes) en el equipamiento hotelero de la ciudad y su entorno; y las necesidades del personal dedicado a la construcción y gestión del certamen, que exigió la construcción de Ciudad Expo, expansión de Mairena del Aljarafe, municipio del área metropolitana.

LOS TIEMPOS DE LA EXPOSICIÓN

En síntesis se puede articular en siete fases la coyuntura del periodo comprendido entre 1985 y 1992, un lapso verdaderamente corto de tiempo para el ritmo de las transformaciones urbanas en ciudades medias, que produjo notables cambios fruto de la acumulación de factores de diversa índole: a) el previo aunque breve rodaje de las instituciones democráticas, incluidas las administraciones municipal y autonómica; b) tras unos titubeos iniciales, la continuidad y decisión de gobiernos socialistas en las administraciones, especialmente en la central; c) las circunstancias favorables de la coyunturas internacionales, conformando un marco de bonanza tanto económica como política; d) la adecuación técnica nacional, confluente en la tradicional receptividad de Sevilla en momentos decisivos, a la hora de integrar contribuciones externas; e) el paraguas simbólico de la conmemoración del Quinto Centenario del Descubrimiento de América; f) la coincidencia en 1992 de grandes acontecimientos, con el fulgor especial de la Olimpiada de Barcelona, lo que conllevó una acumulación/distribución de inversiones en pos de un equilibrio norte/sur a la hora de afrontar proyectos de envergadura como el tren de alta velocidad; y, además, g) todo ello traspasando el límite de la coyuntura favorable, obviando las amenazas de la crisis económica internacional y las crisis políticas tanto nacional, cuyos efectos permanecieron latentes bajo la euforia de las celebraciones, como internacional, con la caída del *statu quo* que desbordó la Unión Soviética y el muro de Berlín.

9. Isla Mágica

La segunda mitad de la década de los ochenta y hasta 1992 fueron años de gran operatividad, en los que se demostró, una vez más, cómo en Sevilla es más eficaz el impulso de la excepcionalidad que la pauta cotidiana de la acción ordinaria de las actividades sociales y económicas. Al conmemorarse los cinco siglos del Descubrimiento de Colón, la celebración de la Exposición Universal fue el instrumento impulsor de los más copiosos cambios de la Sevilla contemporánea. Mucho mayores que los que trajo la Exposición Iberoamericana de 1929, lentos pero ciertos, que permitió dinamizar una Sevilla que llegaba cansina al siglo XX.

Con la restauración democrática, Sevilla pudo vivir un periodo de restitución de un cierto orden urbanístico, tanto desde el punto de vista conceptual, en una primera etapa de austeridad, como en lo relativo al establecimiento, bien que mal, de los parámetros y objetivos de estructura general, descritos en el nuevo Plan General de Ordenación Urbana, aprobado definitivamente en 1987. La confluencia técnica y administrativa de la redacción y aprobación de los planes de la Ciudad y de la Expo

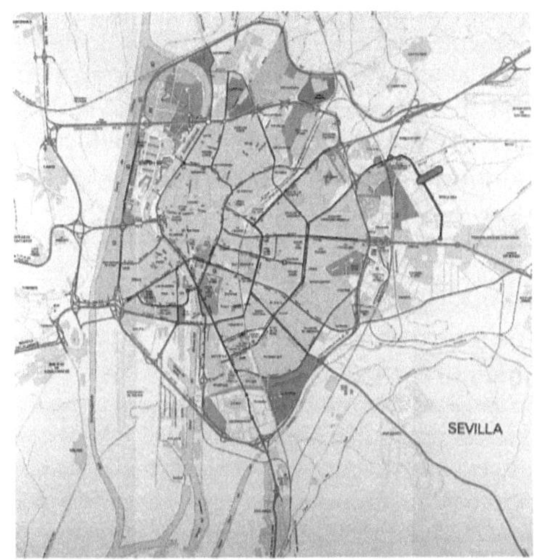

10. Sevilla'92. Red viaria

fue difícil. Baste recordar que la excepcionalidad de Expo'92 se sustentó
en el ACTUR de la Cartuja. Las transferencias de la Administración
Central a la Autonómica fueron aprovechadas por la Junta de Andalucía,
incluyendo la titularidad de los suelos expropiados, haciéndolas valer, en
alianza con la dinámica propia de la administración central, primero por
el Comisario General y luego, más eficazmente, por la Sociedad Estatal
Expo'92, en un marco de decisiones metropolitanas, superiores a la normal vicisitud del urbanismo en cualquier ciudad. Por consiguiente, las
decisiones municipales estuvieron bajo el triple paradigma de la Exposición Universal como cuestión de Estado, de la justificación de un territorio supramunicipal y, decisivamente, del poder de la inversión económica, en prueba de un pragmatismo que ayudó a superar repugnancias
intelectuales y a hacer prevalecer el orgullo del protagonista.

Los hechos están ahí y deben ser reconocidos en lo que tienen de
incontrovertibles. Fortísimas inversiones se produjeron en la realización de estructuras regionales o nacionales (autovías, tren de alta

velocidad), e igualmente ingentes fueron las destinadas a operaciones estructurales del planeamiento general de la ciudad como son los sistemas generales viario, ferroviario y fluvial. La construcción de rondas exteriores e intermedias, la polémica nueva configuración ferroviaria y la plena recuperación de la dimensión urbana del Guadalquivir a su paso por la ciudad, trajeron inversiones copiosas y concentradas en el tiempo. Todo ello implicando la realización de amplios espacios, grandes piezas arquitectónicas e importantes obras de ingeniería, que se han convertido en hitos urbanos y territoriales de primera magnitud hasta transformar el paisaje de Sevilla.

TERRITORIO Y PAISAJE URBANO

Los elementos fundamentales de ese nuevo paisaje se han incorporado a la percepción cotidiana. Más allá de que podamos considerarlos acertados o no, o del que hubiese sido posible resolver determinados elementos, modelos o diseños de una manera alternativa más conveniente, su presencia delata una ciudad diferente. La Sevilla transformada es reconocible en numerosas piezas cuya jerarquía debe establecerse a partir de aquellas que muestran un carácter más elocuente, como son los hitos de valor territorial. Faltos de piezas significativas en el crecimiento urbano de las décadas anteriores, de la misma manera que tal crecimiento era informe y desarticulado, sin carácter y vulgar, solo la realización de una estructura más racional, que comunicase mejor las partes de la ciudad, que la hiciera mas accesible, se corresponde con los intentos de caracterizar esa nueva dimensión urbanística mediante el establecimiento de unidades arquitectónicas de calidad y escala, coherentes con esa transformación.

Es sabido que la Giralda es el icono principal de la Sevilla histórica, apareciendo en las imágenes mas significativas desde el siglo XVI en adelante, acompañada de las torres de iglesias, de la mole catedralicia, rodeada por la cinta de las murallas de la ciudad prolongada en la Torre del Oro cerrando el Arenal, su puerto fluvial. Un conjunto de referencias que se ven incrementadas por la importancia de las piezas extramuros, comenzando por el Hospital de la Sangre y concluyendo

11. Avenida de Torneo

con la Fábrica de Tabacos, siempre obras de envergadura, excepcionales por su magnitud y tipología respecto a las construcciones no solo existentes sino posibles en el interior del casco antiguo.

En los años de la Expo'92 se produce un salto de escala, ante necesidades simbólicas que respondan tanto a una nueva dimensión como a una nueva cualidad urbana. Pero ello no es óbice para que algunos parámetros mantengan su virtualidad. Así, el valor de los elementos verticales, que operan en la distancia, al tiempo que juegan un mecanismo de contraste perceptivo en su entorno inmediato. En segundo lugar, la necesidad de establecer grandes piezas arquitectónicas que resuelvan problemas de excepcional magnitud, y que permitan nuclear zonas de crecimiento o puntos externos de la ciudad. Por último, la persistencia de la sustancia geográfica e histórica de Sevilla mediante la revalorización del río como su espacio principal, componente seminal y directriz de Sevilla. Decisivo también para este último capítulo de su historia urbana, aunque quede mucho por analizar, proponer y llevar a cabo para que el río llegue a ser el sistema pleno que reconocemos en las grandes ciudades fluviales de Europa, ya que las determinaciones del Plan General de Ordenación Urbana vigente chocan con la falta de armonía necesaria con la Autoridad Portuaria que hiciera efectivo un verdadero liderazgo municipal.

La remodelación de los espacios públicos de todo el sector central de la dársena fue una operación crucial para comprender algunos aspectos substanciales del proceso. Un cambio de magnitud impresionante, desconocido para las generaciones jóvenes, lo representa este amplio segmento de Sevilla que desde San Jerónimo conduce por la nueva avenida de Torneo hasta Plaza de Armas, Chapina, y los terrenos de Triana que reaparecieron ante la Expo'92. Una larguísima cinta que en los años siguientes, en diálogo con el río, ha sido el nuevo desafío de contextualización fluvial de Sevilla, para la que durante toda la Edad Contemporánea no había habido más realidad fluvial que la del frente del Arenal, paseo de Colón, y calle Betis, con las adiciones portuarias y el desgraciado diálogo entre las traseras de las calles Castilla y Arjona hasta Chapina, ejemplo paradigmático del desentendimiento de los sevillanos hacia su río durante un siglo.

Al extenderse la dársena hasta San Jerónimo se recupera la imagen de continuidad del río histórico urbano. Se extiende la ficción del tramo comprendido entre la Torre del Oro y el puente de Triana, y el símbolo del Arenal y la calle Betis ya no permanece como encubridor de olvidos, fracasos e indolencias. Arjona muestra lo que nunca debió ser, antes que nada por la ignorancia y el desprecio que refleja. El nuevo territorio en expectativa del borde de Triana permanece como un desafío, con el enrarecido vacío con edificios fronteros a la Expo, piezas casi metafísicas, que solo empezó a cambiar tras la puesta en uso por la Junta de Andalucía su sede de Torre Triana, marcada por el abandono de años de los grandes pabellones de la zona, como el los Descubrimientos, o el de la Navegación, finalmente recuperado. Como hemos dicho, el vacío del área que fue acceso sur de la Expo, ha sido reordenado mediante la construcción de la Torre Sevilla, rascacielos que arroja como una sombra otro tumbado. Operación que marcó el paso de Cajasol a Caixabank, y el abandono del compromiso de instalar el Caixaforum en las Atarazanas para ubicarlo, como incentivo, en los sótanos de este sector, completado con los Jardines de Magallanes, remodelación del borde fluvial inmediato al Pabellón de la Navegación.

Por su parte, el amplio enclave de Plaza de Armas muestra crudamente lo difícil que es rematar el diseño de partes de ciudad en procesos urbanísticos y arquitectónicos acelerados: empezando por la posición y el diseño del puente de Chapina, siguiendo por la nueva estación de autobuses, pasando por la procelosa vicisitud de la reordenación del área de la antigua estación de ferrocarriles de Plaza de Armas, y concluyendo con el esfuerzo extraordinario de llevar a término la configuración urbana de la nueva avenida de Torneo y su prolongación.

Cuestión de tiempo, como las intervenciones en el paseo de Cristóbal Colón que, más allá de su condición de obra de conjunto del regionalismo, permitieron darle un cierto perfil arquitectónico contemporáneo, con el edificio de oficinas de Previsión Española (después Helvetia), de R. Moneo, y el Teatro de la Maestranza, de L. Marín de Terán, A. del Pozo y E. Haro. Por otra parte, un frente sin esa personalidad central del antiguo Arenal, como es Torneo y su prolongación, han ido construyendo una nueva fachada urbana, básicamente mediante promociones privadas. Parte de una operación urbanística cuya articulación unitaria ha avanzado extraordinariamente, trascendiendo las meras necesidades locales de los barrios populares que jalonan toda la espina septentrional de la ciudad, aunque el extremo hasta el parque de San Jerónimo resulte aún incompleto. Una estrategia que solo puede decantarse desde la normalidad urbanística que, no obstante, corre el peligro de ser afrontada dando satisfacción a problemas puntuales, expresados en términos superficiales, cuando ello no debería haber sido óbice para contribuir a la visión global que conviene a la construcción de la imagen de Sevilla, que pasa por la puesta en valor de elementos arquitectónicos de referencia, cuyo destino funcional puede y debe ser trascendido. De todas maneras, el gran olvidado es el espacio fluvial nuevo, los espacios colindantes con la corta propiamente dicha: la nueva manera de volver a dar las espaldas al Guadalquivir, ahora no urbano sino metropolitano.

12. CaixaForum Sevilla y Jardines de Magallanes

El destino de lo que fuera la Expo'92 se debatió entre un deseo estratégico, sustentado en sus sofisticadas infraestructuras (por ejemplo, los 3.000 km de fibra óptica), y una idea de integración urbana con la ciudad, hasta incluir usos residenciales. Debate que alcanzó a la privatización de parte de los suelos, aunque muchos restan de titularidad pública. Los usos de la post-exposición en el área de la Cartuja están determinados por un Plan Especial y regidos por la Sociedad Estatal Cartuja'93, en la que participan todas las administraciones.

En una región en la que el sector servicios ocupa a mas de la mitad de la población activa y representa también mas de la mitad del valor añadido bruto de su economía, Cartuja'93 es una apuesta por el desarrollo regional, al tiempo que su ordenación concita componentes territoriales de orden metropolitano (parque del Alamillo) sin detrimento de la

13. Tadao Ando: Pabellón de Japón

inevitable dimensión urbana que su posición central conlleva. En efecto, más acá de la escala metropolitana que quiso asignarse a toda el área, su fachada fluvial se ha constituido en una nueva parte de la ciudad de extraordinaria importancia. Aunque la ordenación de la Exposición Universal, cerrada en sí misma, ha forzado una implantación ajena al río casi en su totalidad (con la sola excepción del Pabellón de la Navegación, y del guiño del Teatro Central), su relevancia urbana es inequívoca.

HITOS ARQUITECTÓNICOS

Cumplido con dignidad el destino efímero de obras muy destacadas
(como el Pabellón del Japón de T. Ando), la falta de pulso integrador
de los hitos arquitectónicos que la Expo'92 legó puede sintetizar-
se en su pieza más cualificada, el Pabellón de la Navegación. Si la
obra más sabiamente compuesta tardó años en potenciarse, per-
maneciendo sin uso durante muchos años, ¿qué decir de los otros
pabellones principales? El de los Descubrimientos (Feduchi), que
ardió en vísperas de la inauguración, fue demolido mas tarde, y su
solar permanece vacante al no construirse el proyecto de la sede
de la Gerencia de Urbanismo de Sevilla. O el del Futuro (Martorell,
Bohigas, Mackay, Puigdomenech) cuyo destino, reutilizándolo como
Archivo General de Andalucía aún no se ha materializado. Un repaso
por cada uno de los pabellones supervivientes, que no es posible
hacer aquí, indicaría la intensidad exacta de lo que decimos. También revisitar la utilización de los recursos bioclimáticos utilizados
para paliar las temperaturas estivales de Sevilla, y en que medida
sobrevivieron.

Si el recinto de Expo'92 ha dejado luces y sombras arquitectónicas,
para apreciar el panorama de la ingeniería civil de la época basta
reconocer una de las más destacadas acciones estructurantes para
la Sevilla de 1992: los nuevos puentes sobre el Guadalquivir. Quizá no
sea errado decir que son los hitos más significativos de aquellos años
respecto a la condición fluvial de Sevilla. Es así respecto a la articulación de la estructura de comunicaciones de la ciudad y el territorio,
pero de igual modo cabe evaluar su importancia como imágenes de un
nuevo paisaje urbano. Los dos puentes extremos, los que se corresponden con la ronda exterior, fueron diseñados con una clara intención simbólica, excediendo la mera necesidad funcional, en opinión
de algunos con derroche dimensional y económico. Pero, siendo ello
cierto, solo explicable dentro del gran volumen de inversión pública,
su caracterización simbólica expresó el deseo de las instituciones de
configurar los testimonios del «poder» en este capítulo de nuestra historia, de igual modo como otros momentos del pasado establecieron,
con similar voluntad, sus monumentos.

14. Puente del Alamillo

Este enfoque prevaleció en la voluntad de la Junta de Andalucía al llevar a cabo el viaducto y puente del Alamillo (S. Calatrava), al menos en
la mitad que le correspondía, al norte del río histórico. El gran pilono
inclinado del Alamillo, enorme macroescultura, uno de los dos vásta-
gos que iban a simbolizar la gran puerta del valle, opera como el hito
más visible desde múltiples perspectivas. El puente que opera con
similares principios de partida es el del Centenario (J. A. Fernández
Ordóñez y J. Martínez Calzón). Un puente «clásico», que cierra el trazado sur metropolitano, allí donde la condición de ría del Guadalquivir
sevillano se hace más evidente, donde dársena, canales y astilleros
se articulan con los atributos portuarios actuales de la vieja sustancia
fluvial de Sevilla. Los otros puentes construidos en estos años tienen
una función diferente, son de orden urbano, comunicando la ciudad
con el área de Cartuja, la ciudad vieja con la ciudad nueva, como los de
Barqueta (Arenas y Pantaleón), Cartuja (Leonhardt y Viñuales), el más
elegante, e incluso Chapina, mientras que el de Delicias es comple-

mentario al servicio de la nueva red viaria interior de la ciudad y facilita
la comunicación ferroviaria del puerto, en realidad reducida al mínimo.

La importancia del sistema de puentes a la hora de revelar la dinami-
cidad de una ciudad fluvial se hizo evidente, por tanto, en la operación
urbana llevada a cabo para la Expo'92. Pero en estos años transcurridos se ha apreciado su insuficiencia y, en el ámbito del Plan General
de Ordenación Urbanística de 2006, se llegaban a proponer nuevos
puentes sobre la dársena para alcanzar una mayor permeabilidad
entre la ciudad histórica y la Isla de la Cartuja, así como dos pasos
territoriales a Norte y Sur sobre el río vivo, además de los pasos de la
nueva circunvalación metropolitana denominada SE-40.

Pero además de su condición de estructura territorial el río tiene otra
dimensión. Basamento de la imagen mítica de la Sevilla americana,
abandona su plano estático y reclama su condición dinámica, como
directriz de tensiones visuales, haciendo surgir perfiles inéditos, no
solo allí donde se ha abierto el nuevo horizonte de la extensión fluvial,
sino en el propio paisaje establecido anteriormente, con la aparición
de edificios que se han incorporado a la mirada del ciudadano. La
Torre del Oro se acompaña de la Previsión Española, y la aturdida des-
memoria del desaparecido Castillo de la Inquisición encuentra el eco
poderoso de Torre Triana. La controvertida construcción de la Torre
Sevilla ha venido a culminar este proceso. Nada es igual porque nada
permanece como antes, pues cada capítulo de la historia urbana de
Sevilla, con acierto o desacierto, ha ido dejando su huella.

Este sistema, reiterado en distintos momentos, lugares y culturas, ¿es
un factor inmutable válido, también, para nuestra sociedad contemporánea? Los ideales modernos orientados hacia la democratización
y satisfacción de las necesidades sociales pareciera que debiesen
volcar todos los recursos en acciones urbanísticas y arquitectónicas
funcionales, destinadas a articular servicios propios de una mejor
calidad de vida de toda la población. Sin embargo, la experiencia del
siglo XX demostró que tal cosa no contravino la continua reaparición
de la búsqueda de valores simbólicos cuya formalización significase
la inversión de recursos copiosos en materializarlo, más allá de la
estricta reorientación de los diseños funcionalistas hacia otros que
impliquen connotaciones estéticas suplementarias.

16. Guillermo Vázquez Consuegra: Palacio de San Telmo

Todo esto forma parte no solo de la historia del lenguaje arquitectónico, sino que responde también a una idea del valor añadido sobre la mera estimación economicista, lo que nos remite a «otra» lectura de la política de inversiones para un momento histórico determinado, como es el de la construcción de la capitalidad andaluza. Interrumpir esta filosofía comportaría la quiebra de todo un sistema de valores. Pero tal quiebra, ¿no era un paradigma radical del proyecto moderno? El

17. José Ramón Sierra:
Rehabilitación de la zona
conventual de la Cartuja.
Esquema de la planta

decurso de los hechos, y no solo en los países mas desarrollados, ha
venido a mostrarnos como el ideal de austeridad y racionalidad florece
en tiempos de crisis, y la tentación significante renace de sus ceni-
zas, una y otra vez, reclamando la convención simbólica; o si se desea
expresar de otra manera, procurando cualificar los lugares. Lugares
consolidados que se trasforman, pero también lugares emergentes,
vacíos y bordes, nuevos y numerosos puntos nodales surgidos en el
paisaje que las nuevas estructuras urbanas iluminan por doquier. Un
paisajismo metropolitano que, en lo que llevamos de siglo XXI, constituye un gran desafío disciplinar.

La condición contemporánea en las décadas finales del siglo XX
incorporó otras relativizaciones respecto a los principios radicales
de las primeras décadas. Así, el entendimiento de la herencia arquitectónica como un valor cierto, cultural y económico. Hoy carece de
sentido el desprecio por el patrimonio y resulta coherente coordinar
salvaguarda y progreso, sobre todo tras demostrarse como desde

18. Guillermo Vázquez Consuegra: sede del IAPH en la Cartuja

las posiciones ideológicas más conservadoras se producía al tiempo la destrucción de nuestros centros históricos y la mixtificación restauradora, por lo demás aplicada con tacañería a una reducida serie de monumentos. La ciudad es histórica toda ella, en el tiempo y en el espacio. La encarnadura del caserío popular y burgués, en sus sucesivas manifestaciones tipológicas, ha vivido en Sevilla momentos dramáticos. La destrucción sistemática de los años finales del franquismo dio paso, no sin contradicciones, a múltiples aplicaciones de salvaguarda, en todas sus escalas, desde la acción menuda de la iniciativa particular, con ayudas en planes municipales y autonómicos, también aplicados a la construcción de vacíos y la rehabilitación de enclaves del habitar tradicional o del parque moderno de vivienda social. Sin embargo, la última crisis económica en los años del nuevo siglo ha traído también una peligrosa devaluación de esos objetivos; crisis de los programas públicos y reacción ultra conservadora frente a las escasas actuaciones que se plantean.

19. Cruz y Ortiz: Estación de Santa Justa

No obstante es justo recordar que fue la Junta de Andalucía, y en menor escala Ayuntamiento y Diputación Provincial, quienes emprendieron las acciones más relevantes en el marco de una política de rehabilitación de edificios históricos para instalar algunas de sus sedes. La Junta de Andalucía transformó en dos fases, antes y después de la Expo'92, el palacio de San Telmo como sede de la Presidencia. También hay que destacar lo hecho en el barrio de San Bartolomé, desde el inicio de la autonomía, situando en diversos edificios la dispersa ubicación de la Consejería de Cultura; o la Consejería de Agricultura en la antigua algodonera de Tabladilla reformada. De igual modo, el Parlamento de Andalucía encaró en dos fases la voluminosa rehabilitación del Hospital de la Sangre. Mientras la Diputación lo ha hecho con el antiguo cuartel de Intendencia de la Puerta de la Carne; y el Ayuntamiento, en lo exclusivamente representativo, hizo lo propio

con sus Casas Consistoriales. Ejemplos relevantes que, no obstante,
ocultan escasez de recursos, dificultades y errores que podrían ser
contados en un análisis más pormenorizado. Escasez que tuvo su gran
paradoja en la concentración de inversiones producida en la rehabilitación, no rematada totalmente, del antiguo monasterio de la Cartuja
de las Cuevas, cuyo presupuesto superó con creces los 60 millones de
euros (10.000 millones de pesetas de entonces). Fue cuestión de Estado encararlo casi de una vez, al ser núcleo principal (Pabellón Real),
para las funciones de representación de la Jefatura del Estado en los
seis meses de celebración de la Exposición Universal, además de sus
usos expositivos. Pero la gran decisión estuvo en el destino ulterior de
esos amplios espacios. La restitución del área monacal para Centro
Andaluz de Arte Contemporáneo; la de legos para Instituto Andaluz
del Patrimonio Histórico; y el ámbito aledaño a la Capilla de Afuera
para sede la Universidad Internacional de Andalucía. Para el cumplimiento de los plazos, se distribuyeron los encargos entre distintos
arquitectos de Sevilla: Sierra, Vázquez Consuegra, y Mendoza y Luna,
respectivamente; aparte del trazado general de espacios y huertas
de Francisco Torres, a quien también se encomendó un proyecto de
nueva planta, el Pabellón del Siglo XV, que desde hace veinticinco
años permanece abandonado, a pesar de ser imprescindible su rehabilitación para las necesidades del CAAC.

DESPUÉS DE LA EXPOSICIÓN

No obstante, la condición contemporánea de nuestra sociedad reclama la plenitud de sus propios y más específicos componentes urbanos. No es difícil atribuir tal condición a estructuras urbanas, equipamientos y servicios, arquitecturas, en fin, que den respuesta a las
necesidades y exigencias del progreso que continuamente reclaman
funciones, usos y conductas distintas a las de las generaciones precedentes. Por eso, la herencia de Sevilla'92 trascendió a su área expositiva, y es reconocida preferentemente por todos en la innovación de
los sistemas de comunicaciones. Las nuevas redes viarias, regionales
(la autovía del 92, eje transversal de Andalucía), o locales (40 km nue-

vos de rondas y avenidas en la ciudad). La nueva red ferroviaria, con la primera línea de alta velocidad española, que en Sevilla tiene su referente arquitectónico en la estación de Santa Justa (Cruz&Ortiz). Nuevas terminales aeroportuarias en Sevilla (Moneo), Málaga o Jerez. Igualmente de autobuses o pantalanes portuarios. Centros radiotelevisivos. En fin, la importancia que tuvo entonces el Telepuerto de Sevilla para un avanzado sistema de comunicaciones por satélite. Facetas cuya elocuencia se expresó mediante nuevos edificios vinculados a las funciones inducidas por los ritmos exigidos por la movilidad de personas, las mercancías, la información y las ideas.

Los hitos arquitectónicos construidos al amparo de la Exposición Universal y sus obras conexas contribuyeron sustancialmente a caracterizar la condición contemporánea de Sevilla. El impulso extraordinario que la Exposición Universal exigió, superando desidias y torpezas, trajo la realización de una estructura territorial y urbana más concordante con la Europa desarrollada hacia la que convergíamos, y un parque arquitectónico distinto del que hubiese generado un modelo alternativo pero dotado de otros valores objetivos.

La postexposición ha sido inexorable. La Isla de la Cartuja muestra errores de origen, y algunos quizá llegue la hora en que sean reconducidos. Por ejemplo, el levantamiento del parque temático; como en parte ya se abre el uso de su ribera. La ciudad, que ha ido acomodándose a su nueva horma estructural, también reclama nuevas tareas de todo tipo y escala, en buena parte expresión de su crisis de crecimiento, que se manifiesta aún en numerosas carencias barriales. Bordes, suturas, espacios intersticiales, deberían encontrar, aunque sea lenta y desigualmente, iniciativas integradoras que no seleccione en exclusiva el mercado. Valga de ejemplo, el desarrollo del sistema de parques previsto del Plan General vigente.

Y el viejo reto del casco antiguo de la ciudad. Preñado de valores irrenunciables, y de innovaciones vitales que solo pueden ser objeto de una acción sistemática y concertada fruto de la convicción antes que de la mitomanía turística y de la efusión mediática. Después de muchos años de titubeos, finalmente se ejecutó la nueva plaza de la Encarnación, conocida popularmente como «las setas», fruto de un

20. Sevilla desde la Torre Sevilla

concurso, ganado por J. Mayer, desatando una fuerte controversia. Paralelamente, la implantación del carril bici ha sido un gran éxito, así como las primeras líneas de metro y del tranvía, que anuncian lo que pueda llegar a ser la sistematización plena del transporte público. Un concierto entre exigencia patrimonial y sentido contemporáneo para la Sevilla del siglo XXI, coherente con su condición de capital de Andalucía. Una ciudad que ha de encarar el equilibrio de un dinamismo nuevo, basado en las necesidades naturales de su dimensión urbana y metropolitana, para la que las instituciones sean capaces de proyectar con fluidez nuevos, dinámicos y sostenidos objetivos ordinarios. A la vista de lo que ha sido el siglo XX, alcanzar esa eficaz normalidad en el primer tercio del XXI sería lo excepcional.

BARCELONA 92:
CIUDAD Y ARQUITECTURA

José Ramón Alonso Pereira

José Ramón Alonso Pereira es catedrático de la Escuela Técnica Superior de Arquitectura de A Coruña y coordinador del Grupo de Investigación en Historia de la Arquitectura IALA

El 20 de abril, mientras el rey Juan Carlos conmemoraba en Sevilla la apertura de la Exposición Universal, el rey Felipe entregaba en Madrid el premio Cervantes de las letras españolas a un barcelonés universal, Eduardo Mendoza, entre cuyas obras destacan aquéllas que tienen como escenario físico e histórico la ciudad de Barcelona. Entre todas ellas resalta una novela: *La ciudad de los prodigios*, publicada en 1986, el año que se concedía a Barcelona la organización de los Juegos Olímpicos del 92. Mendoza se refiere en ella al periodo de la historia de la ciudad que media entre las dos grandes Exposiciones de 1888 y 1929. Pero podemos aplicarlo a la Barcelona del 92 o, mejor, a la Barcelona que culmina en 1992.

Afirmaba Mendoza en su discurso madrileño que la sociedad suele preocuparse de fomentar la lectura, pero no la literatura. Parafraseándolo y aplicándolo a nuestro campo podría decirse que la sociedad suele fomentar la construcción pero no la arquitectura. Invertir ese sentido, reforzar las sinergias y beneficiar la arquitectura es lo que intentó hacer en los años ochenta la ciudad de Barcelona de la mano de Oriol Bohigas, en esa nueva Edad de Plata de la arquitectura española que cristalizó en el 92.

LA CIUDAD DE LOS PRODIGIOS

Esa Barcelona 92 fue galardonada en 1999 con la medalla de oro del RiBA, la más antigua de las distinciones mundiales en el campo de la arquitectura, que por primera vez se otorgaba no a un arquitecto sino a una ciudad: Barcelona. Todo el mundo entendió que con ella se premiaba no sólo a *la ciudad de los prodigios* del 92, sino también de modo especial la labor de Bohigas, que fue expresamente designado para recibirla en Londres en un solemne acto celebrado en Portland Place el 22 de junio de 1999.

En efecto, la figura humana, cultural, arquitectónica y ciudadana de Oriol Bohigas (Barcelona 1925) es clave en la concepción y la formalización no sólo de la Barcelona del 92 sino de toda la década que la antecede y prepara, a la que no injustamente se ha denominado muchas veces como la Barcelona de Bohigas.

Arranca ésta de la elección de los primeros ayuntamientos democráticos en España en la primavera de 1979, cuando el nuevo alcalde de Barcelona, Narcis Serra, llamó al por entonces maduro y reconocido profesional, director de la Escuela de Arquitectura, para que colaborase con él como asesor en arquitectura y urbanismo. Bohigas, renunciando a dirección de la Escuela, se hizo cargo con fuerza y energía de esa función en 1980.

Ese mismo año, al finalizar el otoño, entré yo contacto con él, o más exactamente entró él en contacto conmigo. Habíamos ganado uno de los premios del concurso nacional para La Vaguada de Madrid, un concurso muy mediático por la temática social que lo había precedido y que había acuñado el reclamo «La Vaguada es nuestra». Con ese mismo título, pero en catalán: «La Vaguada es nostra» se sirvió Bohigas del hecho de que de los cinco equipos premiados, tres tenían alguno de sus miembros formados en Barcelona, para apropiarse del tema en la revista *Quaderns* y apadrinar a sus autores.

Por diversas razones tuve que volver con bastante frecuencia a Barcelona en los años siguientes, Colaboraciones en temas colegiales con su socio Josep Mª Martorell, y la amistad de mi socio con Beth Galí, compañera suya de carrera y entonces novia de Bohigas, me hicieron multiplicar los encuentros con él. En los años siguientes se fue trabando una buena amistad, desde la diferencia de edad, la admiración y el respeto. Luego se mantuvo el contacto como director de la Escuela de Coruña. Precisamente en otoño de 1992 organizamos con su apoyo unas Jornadas sobre la Barcelona olímpica, con un plantel de conferenciantes inimaginable sin su colaboración.[1]

Recuerdo estos hechos no porque tengan otra importancia que la personal, sino porque al venir acompañados de diálogos mantenidos en el tiempo me permitieron conocer de primera mano el proceso y las distintas fases de eso que se llamó Barcelona de Bohigas, pues ciertamente la Barcelona 92 fue proceso de años y no flor de un día.

---

[1] Desarrolladas los días 29, 30 y 31 de octubre, en ellas participaron Oriol Bohigas, Josep Mª Martorell, Moisés Gallego, Franc Fernández, Enric Soria, Elías Torres, Ignasi Solà-Morales, Federico Correa, Carlos Ferrater, Esteban Bonell, Alfons Soldevila, Eduard Bru, Josep Quetglas, Josep Lluis Mateo y Jaume Bach.

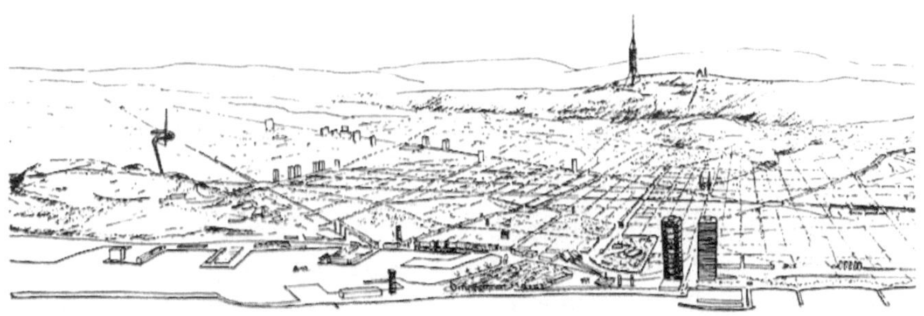

1. Barcelona 92, ciudad y territorio

Para encuadrarla mejor y a modo de homenaje, voy a leer algunos párrafos del discurso muy estructurado y elaborado que pronunció en la ocasión solemne de Londres, leído —según él mismo dijo— «ante el Olimpo de la profesión arquitectónica británica».[2]

«Por primera vez esta medalla no se concede a un arquitecto, sino a toda una ciudad. Es una decisión muy importante —reconocía Bohigas—. Las ciudades modernas no las hacen los arquitectos, ni los ingenieros, ni los urbanistas, ni los geógrafos, ni los economistas, sino el conjunto de los ciudadanos representados por los políticos elegidos democráticamente. A partir de este criterio, permítanme desarrollar en diez puntos una metodología urbana de la que se deriva la realidad de Barcelona».

Comenzaba recordando cómo la ciudad es un hecho político y un ámbito colectivo, y cómo «estas ideas políticas y urbanas parten de una afirmación radical: la ciudad es el ámbito físico indispensable para el desarrollo moderno de una colectividad coherente».

Pasaba tras ello al núcleo de su discurso, afirmando con rotundidad: «el espacio público es la ciudad». «Si partimos de la idea de que la

[2] Oriol Bohigas: «Acceptance speech of the Riba's Gold Medal», en *Annales*, Barcelona: Universitat Politècnica Catalunya, n° 6 (2001) 1-4.

ciudad es el ámbito físico para el desenvolvimiento moderno de la colectividad, cabrá aceptar que en términos físicos la ciudad es el conjunto de sus espacios públicos. El espacio público es la ciudad: he aquí uno de los principios básicos de la teoría urbana de Barcelona».

Pero para que el espacio urbano cumpla su papel ha de resolver dos cuestiones: la identidad y la legibilidad. A ellas se referían los puntos 5 y 6, explicados cuidadosamente en su discurso, que proseguía en el punto 7 defendiendo la teoría del plan-proyecto —una teoría y un mecanismo clave para entender la Barcelona del 92— oponiendo entre sí proyectos arquitectónicos y planes generales, entendiendo éstos como los que habían disuelto y fraccionado la ciudad. «Los instrumentos urbanísticos para la reconstrucción y extensión de una ciudad no se pueden limitar a los planes normativos y cuantitativos. Hay que dar un paso adelante en la exigencia proyectual. Hay que definir de modo concreto las formas urbanas. Es decir, hay que utilizar los planes como documento para impulsar los proyectos urbanos puntuales. Se trata de sustituir el urbanismo por la arquitectura. Hay que proyectar el espacio público —es decir, la ciudad— punto por punto, área por área, en términos arquitectónicos». Y se alegraba haber conseguido aplicar estos principios arquitectónicos en Barcelona.

Asimismo, tras defender la continuidad de las centralidades, se enfrentaba al tema de la calidad o cualidad, bajo el título «Entre servicio y profecía», y decía: «Ninguna propuesta arquitectónica tiene sentido si no se basa en la calidad arquitectónica. Si la ciudad y la arquitectura han de estar al servicio de la sociedad, ésta ha de aceptarlas y entenderlas. Pero si la arquitectura es un esfuerzo cultural, ha de ser un acto de innovación». Legibilidad e identidad, diríamos. Y afirmaba: «La buena arquitectura no puede ser otra cosa que una profecía». Lo que remitía a Le Corbusier cuando hacía del arquitecto un poeta y un profeta.[3] «Profeta es el que, en el centro del torbellino, sabe ver los acontecimientos, sabe leerlos; el que percibe las relaciones, las denuncia, las enseña, las clasifica y proclama. Poeta es el que muestra la nueva verdad». Las propuestas de Le Corbusier —y

---

[3] Le Corbusier (1930): *Précisions sur un état present de l'architecture et de l'urbanisme* (Barcelona- Buenos Aires: Poseidón, 1978), 30.

las de Barcelona 92— son a la vez un gesto profético y una imagen poética. La dualidad entre profeta y poeta hace fascinantes sus aportaciones y contradicciones.

Ello le llevaba a Bohigas al final de su discurso y nos lleva a nosotros al comienzo de nuestra exposición: «La arquitectura como un proyecto de ciudad».

LA BARCELONA DE LOS OCHENTA

El título tiene unos claros ecos rossianos. Aldo Rossi había defendido que era la ciudad la que daba sentido a las arquitecturas concretas, y éstas cobraban carácter y tomaban razón de ser en términos de ciudad.[4] En el paso de la *recuperación disciplinar* a la de la ciudad, fueron buenos ejemplos las nuevas políticas urbanísticas de los años ochenta, de las que el plan para Bolonia fue ejemplo emblemático. Bolonia estableció un nuevo concepto de los centros históricos, cuyos ideales de recuperación urbana, planeamiento y gestión fueron muy imitados en toda Europa y en particular en España.

Pero sus propuestas suponían una renuncia —al menos inicialmente— a abordar los problemas de las grandes ciudades o las poblaciones cuya componente histórica no fuera determinante. Es ahí donde España jugó un papel esencial en el salto a la dimensión metropolitana, en los planes de Madrid[5] y de Barcelona, con un excepcional resultado en actuación emprendida por Bohigas desde el Ayuntamiento en los años ochenta y luego en la Barcelona Olímpica, que evidenciaron la posibilidad de extender las herramientas dialécticas de análisis y proyecto a la escala metropolitana.

---

[4] Cfr. Victoriano Sáinz Gutiérrez: *Aldo Rossi. La ciudad, la arquitectura, el pensamiento* (Buenos Aires: Nobuko, 2011).

[5] Cabe recordar el lema «Recuperar Madrid» con el que se presentó por Eduardo Mangada el nuevo planeamiento urbanístico en 1981, extendiendo los supuestos de recuperación de la ciudad a una escala metropolitana.

2. *Plans i projectes per a Barcelona, 1981-1982*, portada

Barcelona se convirtió en un gigantesco laboratorio de arquitectura, desarrollándose ahí la estrategia urbanística de las *metástasis benignas*: arquitecturas ejemplares para lugares concretos, a partir de las cuales poder introducir la regeneración del entorno urbano gracias a su irradiación positiva. Al contrario que Berlín[6] —la otra gran operación urbana de esos años—, donde la construcción de viviendas sociales era el centro de atención, en Barcelona fue el espacio público el protagonista.

En un momento histórico marcado por la transición a la democracia, Barcelona planteaba una idea clara y explícita: regenerar y reconstruir la ciudad, y aportaba dos conceptos clave para abordarla: el

[6] Sobre la contraposición Berlín-Barcelona, cfr. Vittorio Magnano Lampugnani: «Notas sobre el urbanismo en la actualidad», en *Barcelona, arquitectura y ciudad, 1980-1992* (Barcelona: G. Gili, 1990), 8-13.

3. El Raval, proyecto PEPRI 1982

método llamado «mecanismo plan-proyecto» y la acción metafórica-mente denominada como *metástasis benignas*, que permitía extender los impulsos públicos a la totalidad de la ciudad con acciones de todo tipo.

Con ambos conceptos y con muy pocos medios económicos, al menos inicialmente, se abordó la construcción de grandes parcelas libres de infraestructuras obsoletas, la creación de nuevos espacios públicos, el programa de nuevos equipamientos, e incluso se replantearon los sistemas de comunicación. La operación se publicitó como «Plans i Projectes»,[7] logrando gran influencia en los medios y en los ámbitos profesionales.

[7] Oriol Bohigas (ed): *Plans i Projectes per a Barcelona, 1981-1982* (Barcelona: Ajuntament de Barcelona, 1983). Cfr. Ignasi Solà-Morales: «De las plazas a los juegos. Diez años de intervenciones urbanas», en *A&V* n° 22 (1990), 10-15. Manuel Graus: «Apuntes de una década: balance y perspectivas», en *Quaderns*, n° 187.I (1993), 78-91.

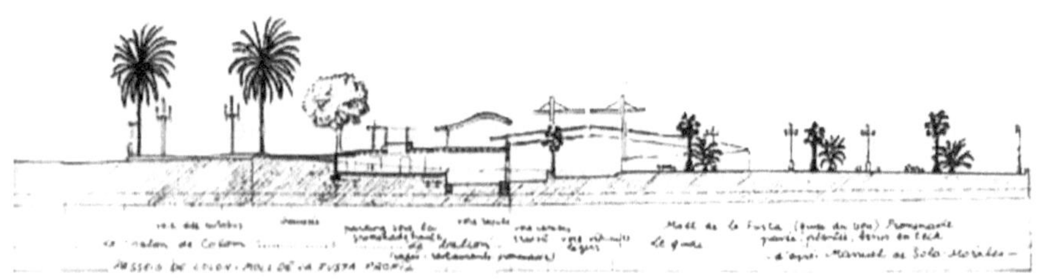

4. El Moll de la Fusta y el frente marítimo

5. El Moll de la Fusta, sección transversal de proyecto

6. Concesión de los Juegos a Barcelona, Lausana, octubre de 1986

Su bandera fueron los espacios públicos: las plazas y los parques, con la plaza de la Palmera como emblema y la de Sants como paradigma. Los medios fueron limitados y fue más fácil abordar los espacios públicos —las arquitecturas sin techo— que los edificios. Es ahí donde comenzó a formularse el lema de las *cien plazas* como operación colectiva y eficaz que produjera a medio plazo *metástasis benignas* en toda la ciudad.

Poco a poco se fueron transformando y embelleciendo numerosas plazas, y poco a poco también los medios económicos mejoraron y pudo abordarse un programa de construcciones públicas que se multiplicarían exponencialmente cuando en octubre de 1986 la ciudad fue escogida como sede olímpica para los Juegos de 1992. Es el tiempo en que los planes para la recuperación y revitalización de El Raval[8] se pudieron complementar con arquitecturas emblemáticas como el Museo de Arte Contemporáneo, para cuya realización se recurrió al prestigio internacional de Richard Meier, así como con grandes obras

[8] Carles Díaz, Xavier Sust: «El Raval», y Lluis Clotet: «Del Liceu al Seminari», en *Plans i Projectes*, cit., 95-115 y 116-121.

urbanas, de las que fue emblema el Moll de la Fusta,[9] de Manuel Solà-Morales, director de la Escuela tras el 92. Prolongada su acción en el tiempo, el tránsito de la Barcelona de los ochenta a la Barcelona Olímpica mostraría la urbe como la nueva *ciudad de los prodigios*.

FORMULACIONES ARQUITECTÓNICAS

Estas actuaciones se dieron en el marco de una ciudad que quería renovarse mediante un acto de confianza técnica y política en las posibilidades de la arquitectura.

En cuanto al modo en que tomaron forma, se produjo un hecho relevante. El tiempo de los ayuntamientos democráticos se encuadra en el marco cultural de la post-modernidad.[10] Tanto el Berlín como la Barcelona de 1980 se conciben en un mundo posmoderno y pretenden dar sus respuestas formales dentro de sus diversas variantes: de tendenza, postracionalistas, clasicistas, eclécticas, etc. Sin embargo, unos ideales concebidos en plena posmodernidad evolucionaron en los ochenta a una nueva modernidad, dentro de la cual la Barcelona 92 quiso ser y fue epicentro.

Tras décadas poniendo en duda la existencia misma del Movimiento Moderno, en esos años se exaltó la modernidad, valorándola como uno de los procesos más creativos y trascendentales de la historia. En 1988 se fundó DoCoMoMo, organización internacional para la documentación y conservación de la arquitectura moderna. Y se habló del *back to modern*: del regreso a la tradición moderna, si bien primando lo formal y lo simbólico a expensas de lo funcional y lo social. Se han señalado tres hitos en ese proceso, más o menos coincidentes con la concesión de los Juegos en 1986.

El primero es la restitución ese año a Barcelona del Pabellón Alemán edificado por Mies van der Rohe en la Exposición de 1929, planteada

[9] Manuel Solà-Morales: «El Moll de la Fusta», en *Plans i Projectes*, cit., 54-61.

[10] José Ramón Alonso Pereira: «Modernidad y postmodernidad», en *Introducción a la Historia de la Arquitectura* (Barcelona, Reverté, 2005), 277-289.

7. Las bases lingüísticas: A. Pabellón Barcelona (1986); B. Plaza de Sants (1983)

en su momento por Bohigas en el marco particular de la España de la transición. La restitución a la arquitectura de la excepcional obra de Mies supone el origen de una nueva modernidad.[11] Los treinta años que median entre ella y nuestro presente coindicen con el periodo estrictamente contemporáneo en la historia de la arquitectura.

El segundo puede fijarse en la Plaza de Sants,[12] con su limpia arquitectura de fundamentos deconstructivos y expresión formal minimalista. En ella Helio Piñón y Alberto Viaplana renunciaban a toda idea compositiva, deconstruyendo sus elementos y concibiendo la plaza como la fragmentación de sus contenidos tipológicos y como reformulación abstracta mediante la superposición aleatoria de marquesinas y pérgolas, de descansos y recorridos, de la piedra y el agua, de modo casi metafísico.

Al lado de ambas, cabe citar la arquitectura interesada simultáneamente por el minimalismo y por la ingeniería. Con fuerte presencia en Barcelona —aunque casi nunca llegue al high-tech—, sus obras compatibilizan la expresión maquinista con el refinamiento formal. Su mejor ejemplo aunque también el más radical es la torre de Collserola alzada por Norman Foster con motivo de las Olimpiadas, cuya confianza en la tecnología como fundamento de la arquitectura misma se proyecta al nuevo siglo.[13]

Tomados conjuntamente, el Pabellón, la Collserola y Sants señalan el arranque de una nueva etapa, en la que quiso tomar forma la Barcelona 92 y que, con sus fortalezas y sus debilidades, se proyecta hasta nuestros días.

[11] Ignasi Solà-Morales, Fernando Ramos, Cristian Cirici: Mies van der Rohe, el Pabellón de Barcelona (Barcelona: Gili, 1993), y «1929-1986, reconstrucción del Pabellón Alemán de Barcelona», en *Arquitectura*, nº 261 (1986), 5-15. Cfr. José Ramón Alonso Pereira: «El Pabellón Barcelona y la nueva modernidad en la arquitectura contemporánea», en *Liño*, nº 13 (2006), 89-103.

[12] Cfr. José Ramón Alonso Pereira, *Utopía y Deconstrucción en la Arquitectura Contemporánea* (Oviedo: Facultad de Geografía e Historia, 2003). En el proyecto y sobre todo en la formalización de Sants colaboró Enric Miralles.

[13] Kenneth Frampton: «Barcelona 1990. En busca de una línea lacónica», en *Quaderns*, nº 187.I (1993), 52-58.

Barcelona se enriqueció entonces con una arquitectura que equilibraba pasado y futuro, conjugando las formas de vanguardia con los arquetipos familiares que suponían la construcción artesanal y el uso de materiales tradicionales. Esta combinación positiva elevó Barcelona muy por encima del nivel medio y la convirtió, como decimos, en epicentro de una nueva Edad de Plata en arquitectura, donde la estrategia del sector público halló eco en el sector privado, difundiéndose por toda la urbe y haciendo de ella una nueva *ciudad de los prodigios*.

LA BARCELONA OLÍMPICA

Este momento histórico coincide con la adhesión de España a la Unión Europea en junio de 1985 y su plena incorporación en enero de 1986. A ese momento y ese nuevo horizonte se incorporaron las operaciones urbanísticas para los Juegos, que se tomaron como ocasión para iniciar una reordenación fundamental y duradera de la ciudad.

Sintetizando las visiones anteriores, en esos años tomó forma la Barcelona moderna como una urbe que quiso abrirse al mar y crecer hacia la montaña. Fue el Laboratorio de Urbanismo creado y dirigido por Solá-Morales el encargado de darle base científica ya desde los años setenta, mientras Bohigas lo incorporaba en los ochenta a la acción pública. La decidida voluntad municipal de regenerar la ciudad tuvo un sobresaliente impulso con la celebración de los Juegos Olímpicos. Barcelona ofrecía ya una sugerente alternativa a «la destrucción del crisol y el legado cultural europeo», en frase de Buchanan.[14] Acoger los Juegos sirvió para infundir un ímpetu adicional a ese proceso.

Los cambios políticos y culturales de esos años y la designación en octubre de 1986 de la ciudad de Barcelona como sede de los Juegos de 1992 desencadenaron un número importante de operaciones urbanísticas y arquitectónicas de interés, no limitadas a los edificios

[14] Peter Buchanan: «Monumentos a una civitas clásico-constructivista», en Barcelona 1980-1992. Arquitectura y ciudad (Barcelona: G. Gili, 1990), 20-26.

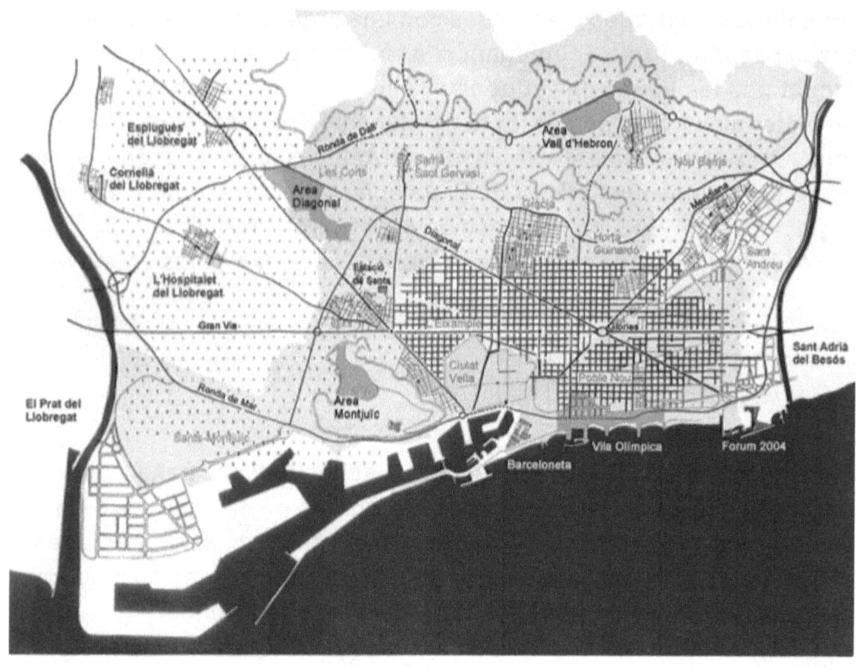

8. Los cuatro recintos olímpicos de Barcelona 92

directamente ligados a la celebración de los Juegos. Hubo una voluntad general de aprovechar la ocasión para dar un salto adelante.

Este esfuerzo se hizo con la participación de un buen número de profesionales: tanto de catalanes como de algunos foráneos de prestigio. Su elección formó parte de un ambiente general donde se implicaron políticos, artistas y arquitectos con la misión de construir no sólo el tejido físico, sino también la vida artística y cultural.[15]

Los Juegos fueron, sin duda, un éxito a escala mundial. El hábil planteamiento mediático de sus organizadores consiguió que desde

[15] Ignasi Solà-Morales: «Arquitectura catalana 1990», en *Quaderns*, n° 187.I (1993), 41-48.

mucho antes los medios dedicaran programas y reportajes a Barcelona, haciendo de ella permanente protagonista del año. A ello se unió la capacidad del conjunto de instituciones españolas, catalanas, municipales y olímpicas para trasmitir una imagen de buena organización, de convivencia cordial, de ciudad atractiva y acogedora, de sociedad dinámica, de obra bien hecha. Tan próxima a las formas culturales modernas para ser comprensible y un punto distinta para ser interesante.[16] Es la *identidad* y la *legibilidad* a las que se refería Bohigas.

La renovada atención hacia la ciudad histórica: el *urban renewal* se complementó con el planteamiento de un multicentrismo y una nueva política de equipamientos que pretendía la recualificación de los usos metropolitanos y el cambio espacial de la ciudad, definiendo sus nuevos límites y puertas: autopistas, estaciones, puertos y aeropuertos.

Siguiendo tácitamente el ejemplo de los Juegos de Roma en 1960 —que frente a la acción unitaria habitual plantearon una potente dualidad entre el norte y el sur de la ciudad, obligando a coser ambas mediante infraestructuras estatales—, en el concepto inicial de los Juegos, Barcelona se planteó una pluralidad de zonas olímpicas repartidas en cuatro polos, lo que hizo indispensable la acción estatal con grandes infraestructuras de conexión y de servicio a todos los niveles. Las áreas olímpicas fueron: el Anillo de Montjuic, la Villa Olímpica en el frente marítimo, el sector del Val d'Hebrón, y el sector Sarriá-Diagonal que aprovechaba los grandes equipamientos deportivos existentes. Las cuatro fueron ocasión para llevar a cabo la transformación de Barcelona.[17]

La montaña de Montjuic fue sede del Anillo Olímpico: el emblema de los ideales y de la memoria de la ciudad ante los Juegos, con el Estadio y el Palacio de los Deportes como símbolo. Poblenou fue la Villa Olímpica: la Nova Icaria, con sus viviendas, equipamientos, parques

---

[16] Jordi Borja, Tona Mascareñas: *El V Centenario y la imagen de España en el mundo* (Barcelona: Ayuntamiento de Barcelona, 1992) 89-96.

[17] Como referencias generales sobre la Barcelona Olímpica, *vid. Barcelona, arquitectura y ciudad, 1980-1992* (Barcelona: G. Gili, 1990), así como las revistas *A&V* n° 22 (1990) y n° 37 (1992), y *Quaderns*, n° 187.I (1993).

y playas. Y con el Puerto Olímpico y sus torres, que dieron y aún dan la imagen nueva de la ciudad. A ambos se unieron el Velódromo de Horta, el Palacio de Deportes de Badalona, los complejos deportivos en Vall d'Hebron, etc.

No cabe olvidar otras actuaciones que se realizaron que mejoraron la calidad de vida en la ciudad y que tuvieron consecuencias para las actividades económicas.

Así, a las dotaciones deportivas se sumaron los equipamientos culturales:[18] el Pabellón Barcelona, el Museo de Arte de Cataluña, el Museo de Arte Contemporáneo, el Centro de Arte Santa Mónica, el Auditorio de Moneo, el Teatro Nacional de Boffil, la reforma y ampliación del Liceo y del Palau de la Música, etc. Y los nuevos espacios públicos: el Fossar de la Pedrera, el parque Joan Miró o del Escorxador, el parque de la España Industrial, y, por encima de todo, la apertura de Barcelona al Mediterráneo.

LA VILLA OLÍMPICA

Sin duda el cambio más radical fue el derribo de las barreras que separaban Barcelona del mar, que dio origen a la Villa Olímpica.

El corazón urbanístico de la nueva planificación fue el área de casi 50 hectáreas situada entre el Parque de la Ciudadela y el barrio de Poble Nou, que debía convertirse según el plan experimental de Martorell-Bohigas-Mackay-Puigdomenech en un nuevo barrio: una nueva Icaria, tomando por nombre la memoria de la comunidad ideal del XIX.

Como decía Bohigas en 1990, la primera intención era construir un barrio marítimo en Barcelona «con una complejidad social que pudiera darle cohesión urbana: residencia, hoteles, oficinas, comercios e instrumentos lúdiocs metropolitanos como las playas y el puerto deportivo»; y «eliminar todas las barreras que habían aislado

---

[18] s/a: «Equipamientos culturales», y «Espacios públicos», en *Barcelona, arquitectura y ciudad, 1980-1992* (Barcelona: G. Gili, 1990), 98-152 y 154-196.

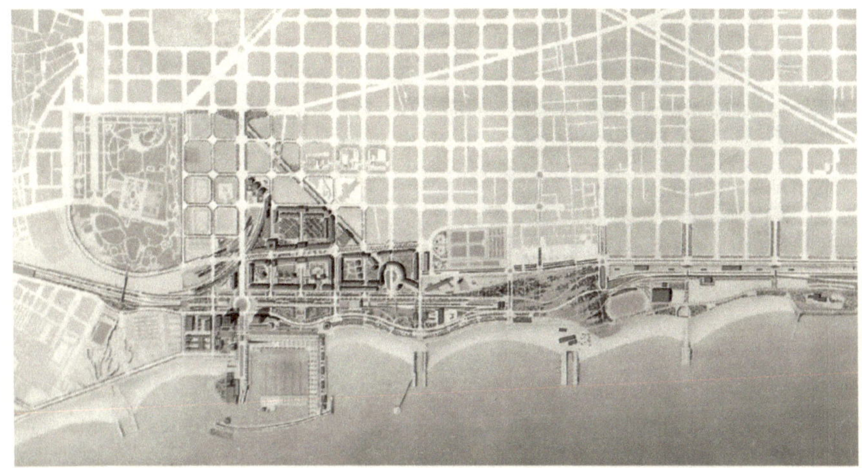

9. El Parque Litoral y la Villa Olímpica, proyecto general

el barrio del resto de la ciudad y habían contribuido a su degradación: las barreras sociales del uso industrial obsoleto; las barreras físicas del ferrocarril y de las playas inservibles convertidas en depósitos de escorias; y las barreras de la planificación que amenzaba con unos trazados de autopistas antiurbanas». Y ello cooordinando todos los proyectos en tres estadios sucesivos: «la unidad y los espacios colectores propios; el barrio y los espacios de su nivel social; y la impronta metropolitana y su relación con la conurbación barcelonesa»,[19] combinando en este plan-proyecto el plan urbanístico homogéneo con la fragmentación que supuso la participación de dos docenas de arquitectos en el diseño del área.

Se pretendió crear un nuevo sector urbano combinando los principios de la ciudad tradicional, con sus espacios públicos claramente delimitados y fácilmente perceptibles, y los de la ciudad funcional, con sus zonas públicas y sus viviendas tranquilas. Esta nueva *arquitectura de*

[19] Oriol Bohigas: «Seis ideas para un nuevo barrio», en *A&V*, n° 22 (1990), 2.

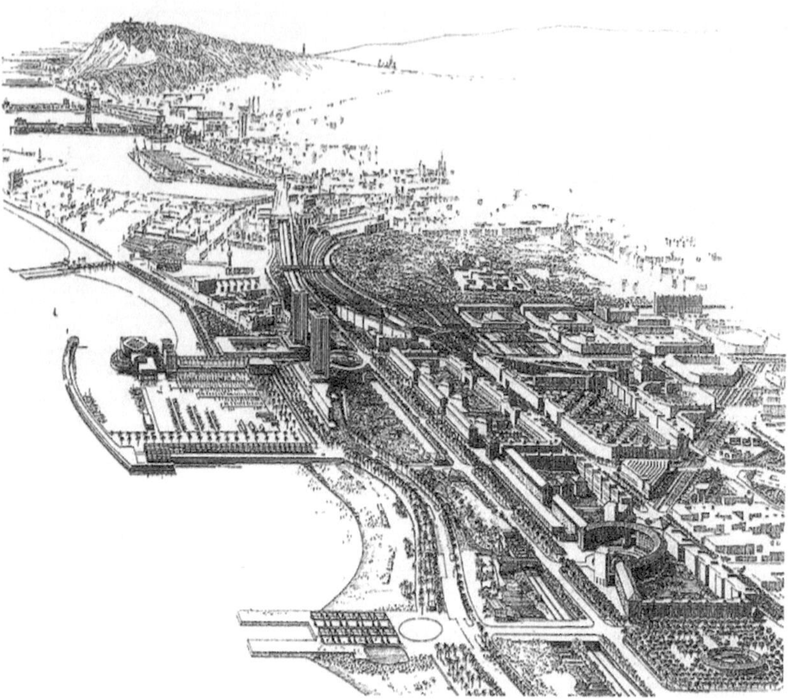

10. La Villa Olímpica, anteproyecto

11. La Villa Olímpica, estados inicial y final

12. El Puerto Olímpico y el centro cívico-comercial

ciudad tuvo sus mejores ejemplos en las obras proyectadas y construídas por MBM, por Correa y Milá, por Clotet y Paricio, por Bonell, por Tusquets, por Lapeña y Torres, o por Ferraté, que tienen en común la búsqueda de la esencia arquitectónica de la modernidad, investigando y reinterpretando la herencia racional mediante la revisión y depuración de su lenguaje, lo que se tradujo en una arquitectura de calidad, cuyas estrategias de diseño generaron importantes ecos en la arquitectura española.[20]

Se asignó el cometido de articular el tejido residencial a una serie de edificios-puerta proyectados por Bach y Mora, Amadó y Domènech, o Piñón y Viaplana, que cabalgaban por encima de algunas calles, sirviendo al tiempo de unión y separación de los distintos bloques y contribuyendo a dar riqueza espacial a la zona.[21]

[20] Cfr. Justo Isasi: «La arquitectura residencial de la Villa Olímpica», en *A&V*, n° 22 (1990), 26-54. Jorge Sáinz: «Manzanas y viviendas», en *A&V*, n° 37 (1992), 66-96.

[21] Cfr. s/a: «Las puertas de la villa», en *A&V*, n° 22 (1990), 56-65. Jorge Sáinz: «Los hitos de la villa», en *A&V*, n° 37 (1992), 34-64.

La Nova Icaria fueron las viviendas y los edificios-puerta; pero fueron también la avenida Icaria de Miralles y Pinós o el polideportivo de Fernández y Gallego. Además de ellos, la Icaria Olímpica tenía y tiene otra serie de construcciones de carácter público e institucional situados en el borde costero: el centro meteorológico de Siza, el puerto olímpico de MBM, la torre Mapfre de Ortiz y León, la torre hotelera high-tech de SOM, y el centro comercial de Gehry. La Nova Icaria la definieron también las calles, los parques, el puerto, la dársena, las playas... Su conjunto configuró el perfil marítimo del barrio y constituye hoy la nueva fachada o *waterfront* de Barcelona.[22]

Pero fue, sobre todo, el primer paso de la apertura de Barcelona al mar, en una operación que no se detuvo con el final de los Juegos y quiso prolongarse en 2004 en proyecto de Diagonal Este y del Forum.

EL ANILLO OLÍMPICO

Aunque otras instalaciones deportivas se llevaron, como decimos, al extremo sur-oeste de la Diagonal y a la zona del Vall d'Hebron, apoyándose parcialmente en las obras preexistentes, la mayoría de ellas y las más emblemáticas quisieron concentrarse en Montjuic, donde ya había sido prevista la Olimpiada de 1936.

Tras un concurso restringido de anteproyectos en 1984 —cuyo resultados generaron entonces una notable polémica en los medios profesionales españoles—, la planificación y construcción de las instalaciones del Anillo Olímpico fueron encargadas a un grupo de arquitectos españoles e internacionales: Federico Correa, Alfonso Milá, Joan Margarit, Carles Buxadé, Ricardo Bofill, Vittorio Gregotti, Arata Isozaki, etc.[23]

[22] s/a: «Los edificios del litoral», en *A&V* n° 22 (1990), 66-80.

[23] Oriol Bohigas y otros: «Barcelona. Juegos Olímpicos 1992», en *Arquitecturas Bis*, n° 46-47 (1984), monográfico. Richard Ingersoll: «Arquitecturas de la Barcelona olímpica. Diario de un crítico poscolombino», en *A&V* n° 37 (1992), 18-27.

13. El Anillo Olímpico de Montjuic A. Google Earth; B. Foto aérea de conjunto

Fue precisamente el equipo formado por Gregotti, Correa, Milá, Margarit y Buxadé, el que se encargó de la transformación o reedificación del antiguo Estadio Olímpico proyectado en 1929, que presentaba un estado casi ruinoso. La obra, correcta, aguanta el paso del tiempo, sin especiales valores en el campo arquitectónico.

Carácter distinto tuvo y tiene el Palacio de los Deportes o Palau San Jordi, obra discutible de Arata Isozaki, cuyos alardes tecnológicos y constructivos no ocultan su mediocridad arquitectónica, pero que con el paso del tiempo ha sido elevado a categoría de icono popular, como símbolo y memoria del 92.

A ellos se unían otras instalaciones complementarias como el Instituto de Educación Física de Bofill —anacrónico en su visión postmoderna—, las Piscinas Picornell de Moisés Gallego y Franc Fernández —sin duda la obra de Montjuic que mejor ha resistido el paso del tiempo—, o la torre de comunicaciones de Santiago Calatrava, obra banal mejor considerada en la actualidad que en su día, pero que en ningún caso resiste la comparación con su homóloga de Foster en la cumbre de la Collserola.[24]

PLANTEAMIENTOS TERRITORIALES

Menhir contemporáneo de Barcelona, la Torre de la Collserola es un verdadero símbolo territorial de la nueva metrópoli que quiere saltar del Llano al Vallés.

Los Juegos Olímpicos abrieron Barcelona al mar, crearon un nuevo barrio: una nueva Icaria, e hicieron posible la aparición de otros más abiertos al mar; renovaron la montaña de Montjuïc, reequilibraron los vectores de crecimiento urbano, y plantearon el salto de la Collserola

[24] s/a: «Equipamientos deportivos», en *Barcelona, arquitectura y ciudad, 1980-1992* (Barcelona: G. Gili, 1990), 56-96. Remodelación del estadio olímpico, 56-61; Palacio de los deportes Sant Jordi, 62-67; Instituto Nacional de Eduación Física, 68-71; Palacio municipal de deportes de Badalona, 72-75; Tenis La Teixonera en Vall d'Hebron, 76-79; Velódromo de Horta, 84-89.

14. Palau Sant Jordi y torre de comunicaciones

hacia la nueva Barcelona que representaba y representa El Vallés, con la Torre elevada por Foster como emblema de esa articulación territorial y geográfica. Pues junto a la trascendental reforma y revitalización de Barcelona frente al mar no cabe olvidar las opciones para la expansión interior hacia El Vallés como uno de los fenómenos más determinantes del cambio de siglo.[25]

Es imprescindible por ello recordar el papel trascendental que en esa expansión metropolitana tuvieron las infraestructuras: tanto viarias como de comunicaciones. A ellas se dedica un apartado específico en esta publicación, de la mano del profesor e ingeniero Carlos Nárdiz. La coyuntura olímpica permitió a Barcelona dotarse de no sólo de una elegante torre de comunicaciones, sino también de un

[25] Josep Lluis Mateo, Ignasi Pérez Arnal, Rosa Barba, Ricard Pié: «El Vallès: nuevo territorio», en *Quaderns*, n° 187.I (1993), 104-129.

15. Torre de la Collserola

nuevo aeropuerto y un cinturón de ronda que enlaza las cuatro áreas olímpicas y conecta la ciudad, abierta ahora al mar a través de la villa olímpica, los nuevos puertos deportivos y las playas.

Quizás ninguna de las obras emprendidas entonces haya tenido para la ciudad la relevancia de las rondas. Fruto del acuerdo y el esfuerzo común entre administraciones locales y centrales, este anillo viario de 35 km, fue crucial para redistribuir el tráfico y aliviar las arterias centrales de la ciudad, se materializó con una gran obra de ingeniería y arquitectura que tuvo su ocasión en la excepcional coyuntura olímpica.

No cabe tampoco olvidar las consecuencias que los Juegos tuvieron a medio plazo, en particular en los trabajos para el Forum 2004 con sus repercusiones sobre la calidad de vida y la cualidad medioambiental de esa zona de la ciudad y de toda Barcelona.[26]

La cartografía permite observar el crecimiento urbano de Barcelona en esos años y apreciar el impacto que la celebración de los Juegos tuvo en el desarrollo urbano, en un momento en que la intrahistoria de una época —de acuerdo con Mendoza— dice más que la historia; la intrahistoria de la arquitectura, más que la historia de la arquitectura.

CONCLUSIÓN

Los cambios culturales y científicos a inicios del siglo XX abrieron una nueva etapa cultural y arquitectónica que creó nuevos modelos universales. De modo análogo, los cambios culturales y científicos al final de siglo supusieron la quiebra de estos modelos y su misma destrucción más o menos teórica, en una etapa nueva que se refleja en sus planteamientos socioeconómicos y culturales, y en la que la arquitectura va a entenderse de modo preferente como comunicación y como diseño, en un proceso que lleva a un eclecticismo en los procesos y un predominio desaforado de las formas.[27]

Todo vale, parecía poder decirse, y se hablaba de la *arquitectura débil* como base de la contemporaneidad. Ello hizo que Barcelona —como tantas otras ciudades— viese cómo el urbanismo devenía diseño y la arquitectura se hacía espectáculo, en un amplio fenómeno que se prolongaría en los años siguientes, hasta estallar con la crisis.

Barcelona había sabido fundir las formas modernas con las permanencias históricas, conformando un panorama equilibrado tipológica y estilísticamente. Y lo había hecho tanto en las grandes operaciones

[26] Oriol Bohigas: «Ciudad y acontecimiento: una nueva etapa urbanística», y s/a: «El Forum como proyecto: intervenciones en el litoral», en *Arquitectura Viva*, n° 84 (2002), monográfico.

[27] José Ramón Alonso Pereira: «El desafío de la contemporaneidad», en *Introducción a la Historia de la Arquitectura* (Barcelona, Reverté, 2005), 305-315.

16. Barcelona contemporánea, maqueta expuesta en el Forum 2004

justificadas por el hecho olímpico, como en las intervenciones menores, planteadas a modo de posibles metástasis selectivas, dentro de
un ideal urbano que enlazaba con las ideas de *ciudad collage*.[28]

En 1992 escribió Fernández Galiano: «Barcelona ha mostrado con
la transformación de la ciudad y la organización de los Juegos sus
muchos poderes. El poder de la inteligencia, el poder del trabajo y
el poder del dinero han remodelado el tejido físico de la ciudad, han
difundido su imagen en el mundo y han mejorado la autoestima de
sus habitantes». Y concluía: «En el mundo incierto del final de siglo,
los barceloneses han utilizado con talento y tenacidad la ocasión de
los Juegos para mejorar su posición competitiva».[29]

[28] Cfr. Collin Rowe, Fred Koetter (1978): *Ciudad Collage* (Barcelona: G. Gili, 1981, 1998).
[29] Luis Fernández Galiano: «Viaje a Icaria», en *A&V*, nº 37 (1992), 4.

Con sus fortalezas y sus debilidades —resaltadas éstas de modo
especial en la larga crisis económica y social de los últimos años—,
la Barcelona del siglo XXI es una ciudad nueva: una nueva *ciudad de
los prodigios* abierta al mundo. Bohigas, responsable de buena parte
de la operación, nos ha ofrecido una serie de claves para entender
los mecanismos que la han hecho posible.

Concluiremos con las palabras con que finalizaba su intervención
londinense:[30] «I began by speaking of the city as architectural project and I have ended up speaking of architecture as a project for
the city». Comenzaba afirmando que la ciudad debe ser un proyecto
arquitectónico y acababa sugiriendo que la solución a los problemas
actuales de la arquitectura debe venir de la ciudad. Ese es, en síntesis, el legado de la Barcelona 92.

[30] Oriol Bohigas: «Acceptance speech of the Riba's Gold Medal», en *Annales*, n° 6
(2001), 4.

LA DIMENSIÓN TERRITORIAL EN LA ESPAÑA DEL 92

Juan Caridad Graña

Juan Caridad Graña es doctor arquitecto, profesor en la Escuela Técnica Superior de Arquitectura de A Coruña y miembro del Grupo de Investigación en Historia de la Arquitectura IALA

BASES

Conviene a la labor que nos ocupa, realizar algunas precisiones preliminares con el fin de fijar los parámetros de análisis y los límites del objeto sobre los que vamos a operar.

En primer lugar dejar claro un hecho, no por evidente menos relevante. Se aborda este intento de explicación o autoexplicación desde la condición de arquitecto del autor. El acercamiento que se produce al problema es, no puede ser de otro modo, arquitectónico. Un acercamiento arquitectónico que se aborda explorando los límites de la disciplina en la gran escala. Entendida esta en los términos en que Rem Koolhas la plantea.

Una pregunta que no pretende ser respondida, se mantendrá como telón de fondo a lo largo de la exposición. ¿Es posible proyectar un país? Y si la respuesta intuida al problema planteado es o pudiese ser afirmativa, ¿cómo hacerlo?, ¿con qué herramientas?

Podemos proponer algún ejemplo relevante que atisba caminos por los que transitar. Pedro Bidagor Lasarte, cuando en los años 60 del siglo pasado, trabaja en los documentos del alumbrado y no nacido Plan Nacional de Urbanismo, lo hace desde su condición de Arquitecto y desde la Dirección General de Arquitectura, de la que forma parte, manejando herramientas propias de la disciplina y la escala territorial-nacional que eran pertinentes. La ley del Suelo y Ordenación Urbana de 12 de mayo de 1956, la obra nuclear de este arquitecto, se ha considerado como el primer texto omnicomprensivo del urbanismo español, pero también lo es de la proyectación arquitectónica del territorio. La ley definía en su artículo cinco, las clases de planes entendidos como instrumentos de ordenación, que no son otra cosa que instrumentos de proyecto en la gran escala, con sus técnicas propias. El apartado uno del citado artículo afirmaba que "el planeamiento urbanístico del territorio nacional comprenderá la redacción de un Plan nacional de urbanismo, Planes provinciales y municipales". Quedaba fijada, la escala superior de la intervención arquitectónica y sus instrumentos de actuación, que evidentemente configurarían un resultado formal del paisaje español en el tiempo.

La situación actual de la arquitectura hace más relevante la pregunta planteada ya que sólo desde la gran escala es posible configurar una respuesta arquitectónica a la contemporaneidad. Los problemas esenciales de la *Utilitas* arquitectónica han mutado, consolidándose y revelándose nuevos y más claros a medida que aumentamos la escala de intervención. La realidad en la gran escala, se convierte en realidad comprimida —frente al concepto de realidad aumentada—, en la que las variables se acotan y se limpia el ruido de fondo. Es en la gran escala y a través del análisis y utilización proyectual de las capas constitutivas del problema arquitectónico, en su propia lógica, donde es posible encontrar respuestas al proyecto contemporáneo, mediante el desarrollo de técnicas y herramientas propias.

Las capas que proponemos, son al igual que ocurre en un proceso de diseño CAD o BIM, a la vez variables acotadas del problema y respuesta formal parcial definidora, con entidad propia, de la solución total. En la gran escala sólo es posible la objetividad ya que los problemas formales ven reducido su peso, como conformadores de la solución.

En segundo lugar, es necesario poner de manifiesto el carácter de autoexplicación del problema abordado, (recordémoslo: la estructura territorial de la España del 92), en relación a la posición del sujeto como actor de los hechos que narra, bien de modo personal, bien como parte de un colectivo generacional, que habita un territorio, España, en un tiempo concreto, el 92.

En el fondo se plantea una reflexión sobre nosotros mismos, enfrentada a lo que somos como colectivo y circunstancia. Esta reflexión no

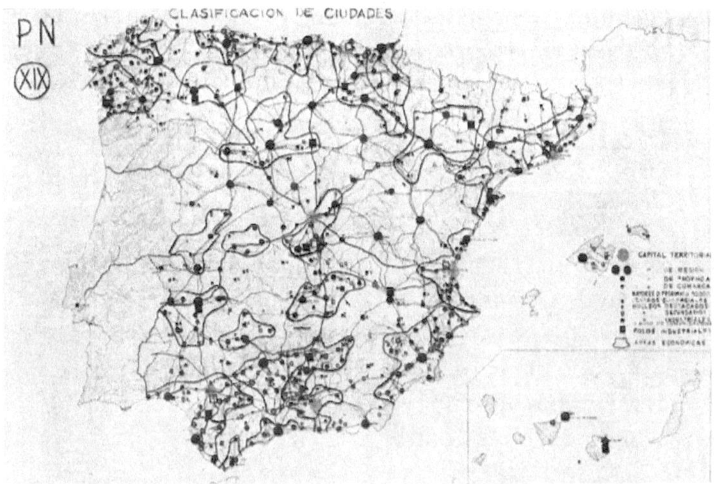

1. Plan Nacional de Urbanismo (1956). Esquema de clasificación de ciudades

resuelta y personificada en el enfrentamiento de las posiciones filosóficas de Unamuno y Ortega, ha condicionado el devenir del pensamiento sobre España desde finales del siglo XIX hasta la actualidad.

CORPUS

El título propuesto para el tema de trabajo maneja tres conceptos puestos en relación gramatical: España, 1992 y Estructura Territorial. Se trata de tres conceptos que tomados aisladamente y en otro contexto, seguramente serían objeto de discusión prolija y vehemente. No es el objetivo del trabajo. El lenguaje permite utilizarlos de modo que nos entendamos y sea punto de partida para una reflexión en diferentes tiempos.

Podría quizás ser útil para entender el 92, España y la estructura de su territorio, como las teselas configuran una determinada imagen

de un mosaico, remontarnos al origen de una parte de los acontecimientos ocurridos en el *Spanish Year*: el Quinto Centenario.

1492

Quinientos años atrás en 1492, un país en formación tuvo que dar
respuesta al cambio de una estructura territorial feudal que había
dado lugar a la última guerra civil en Castilla —tras la muerte de
Enrique IV—, a otra que diese respuesta eficiente a la gobernanza de un territorio, España, que por extensión y complejidad ya no
podría ser gobernado desde las estructuras medievales.

El proceso de mutación fue llevado adelante por los líderes de los
dos territorios que se unificaron, los reinos de Castilla y Aragón. En
términos contemporáneos, en la actualidad resaltaríamos la paridad
con la que se configuró la cabecera del gobierno entre los monarcas
Isabel I y Fernando II. La España de aquella mujer Isabel, fraguó por
concentración y unificación de las comunidades territoriales que
formaban las distintas unidades de origen.

Se buscó la reorganización de la gobernanza de los territorios para
adaptar la arquitectura institucional a la eficiencia de los medios
disponibles. Para lograrlo se planteó la consecución de la uniformidad de gobierno en el territorio mediante la creación de entes homo-
géneos, las Intendencias, en base a los distintos reinos que actuaron como unidades territoriales de soporte en el modelo propuesto.
Esta uniformidad permitió a los vecinos, reclamar una primera
igualdad de derechos ante la ley y extendió la petición para villas y
ciudades, de su condición de realengo, frente a señoríos nobiliarios
y de la iglesia.

Desde el punto de vista técnico es reseñable el hecho de que las
posibilidades tecnológicas y científicas planteadas alrededor del
1500 en la Europa del Sur permitieron a la recién constituida monar-
quía española construir un proyecto hacia el exterior y obtener
recursos basados en la emigración.

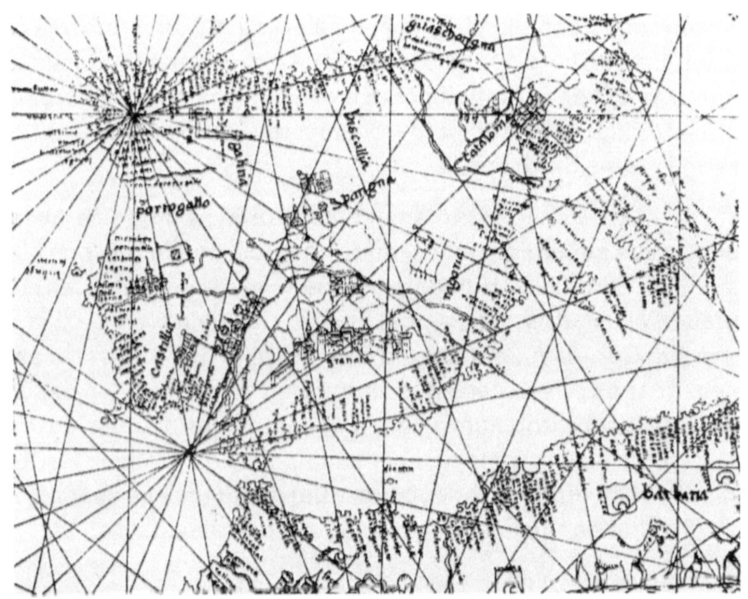

2. España según la carta náutica del Conde Feducci (1497)

3. España según Henricus Hondius (1633)

En lo económico España abordó en ese primer 92, una reforma profunda para resolver la deuda del país que había financiado sus propias guerras desde la ineficiencia de estructuras políticas arcaicas y de pequeño tamaño, diseñadas para una realidad territorial que concluía con la toma de Granada.

En este contexto y en lo estrictamente territorial se potenciaron las ciudades y sus comunicaciones, en coherencia con lo que ocurría en el resto de la Europa del Humanismo, frente al ruralismo de las estructuras feudales. Madrid, Barcelona, Sevilla, Granada y, en Galicia, Pontevedra, Coruña o Santiago de Compostela, comenzaron a asumir papeles urbanos relevantes en la configuración del nuevo país. En las ciudades se localizaron nuevos equipamientos que además de lo institucional, contribuyeron a fortalecer su papel de centralidad territorial: sedes religiosas urbanas, hospitales y universidades se asentaron en las urbes modificando la configuración del paisaje urbano.

1992

1992 se constituyó en *annus mirabilis* para España. Un ingente conjunto de acontecimientos cristalizaron entonces, culminando un proceso iniciado en las dos décadas anteriores. El conjunto de acontecimientos lleva a la prensa internacional a calificarlo como el *Spanish Year*. Los Juegos Olímpicos en Barcelona, la Capitalidad Cultural de Madrid, o la Exposición Universal de Sevilla fueron acontecimientos catalizadores de un proceso de cambio, que tuvieron lugar en ese año. En 1992 se celebraría también el recuerdo del quinto centenario del encuentro con el Nuevo Mundo.

En esta fecha la estructura del territorio en España había cambiado de modo radical, como lo había hecho el país. La estructura de la gobernanza territorial y su plasmación administrativa, se había mantenido de modo estable desde la última gran reforma en la época de la Restauración. Javier de Burgos con el decreto de creación de las provincias publicado en la Gaceta de Madrid, nº 154, del martes 3 de diciembre de 1833, fijó una estructura territorial homogénea en el país sobre la que se

4. Imagen nocturna de satélite (1992)

5. Mapa político. Atlas Nacional de España (1992)

asentaría una estructura de gobernanza basada en la centralidad de la capital provincial y sus instituciones. A partir de este nodo central se desarrollaron las distintas capas que conforman por adición el territorio: viario, elementos singulares, elementos productivos, tejido edificado, cotos redondos… Todo ello articulado por una superestructura territorial-nacional radio concéntrica, con centro en la capital estatal, Madrid.

Este modelo se mantuvo estable hasta la entrada en vigor de la Constitución democrática de 1978, con el breve paréntesis no desarrollado de la Constitución republicana de 1931. La legislación urbanística española, como modeladora de modo progresivo en cuanto a su escala de actuación, del proyecto territorial, se aplicará sobre esta superestructura. Ocurrió así desde el primigenio Anteproyecto Posada Herrera de ley de Ensanche de 1861, en las sucesivas leyes de Ensanche del XIX, hasta la ley del Suelo y Ordenación Urbana de 1956 y su consecuencia en el texto refundido de la Ley sobre Régimen del Suelo y Ordenación Urbana de 1976.

La estructura territorial de España cambió el 28 de diciembre 1978 con la publicación en el BOE nº 311, de la Constitución democrática. La primera en la historia moderna de España fruto del consenso. Previamente con la Ley 1/1977, de 4 de enero, para la Reforma Política, había mudado la estructura del Estado

6. Firma del acta de adhesión de España a las Comunidades Europeas (1985)

La Constitución de 1978 consagró en su título octavo el cambio del modelo territorial español. El Estado se organizó en comunidades autónomas (entendidas como conjunto de ciudadanos), con sedes e instituciones propias, que recogen lazos culturales comunes. Se estableció un modelo abierto en cuanto a su delimitación. La propuesta reconoció el carácter histórico de algunas de las entidades y dejó para posterior acuerdo de los territorios concernidos, la definición de las restantes. En todo caso mantuvo como soporte la base estructural previa de organización territorial del país en provincias y ayuntamientos.

En el art. 148 de la Constitución, se recogió como competencia exclusiva de las comunidades autónomas las establecidas en organización de sus instituciones y en materia de urbanismo y ordenación del territorio y así estableció: "1. Las Comunidades Autónomas podrán asumir competencias en las siguientes materias: 1.ª Organización de sus instituciones de autogobierno. (...) 3.ª Ordenación del territorio, urbanismo y vivienda."

En el artículo 147.2., cuando se establecen algunos de los contenidos propios de los estatutos de autonomía, se plantea entre ellos la loca-

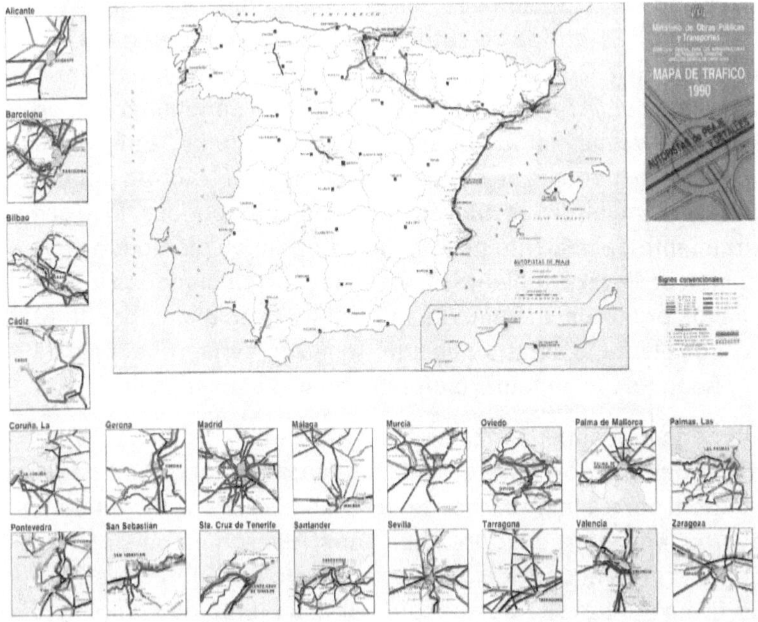

7. Mapa de tráficos (Intensidad Media Diaria) del Ministerio de Obras Públicas y Transporte (1990)

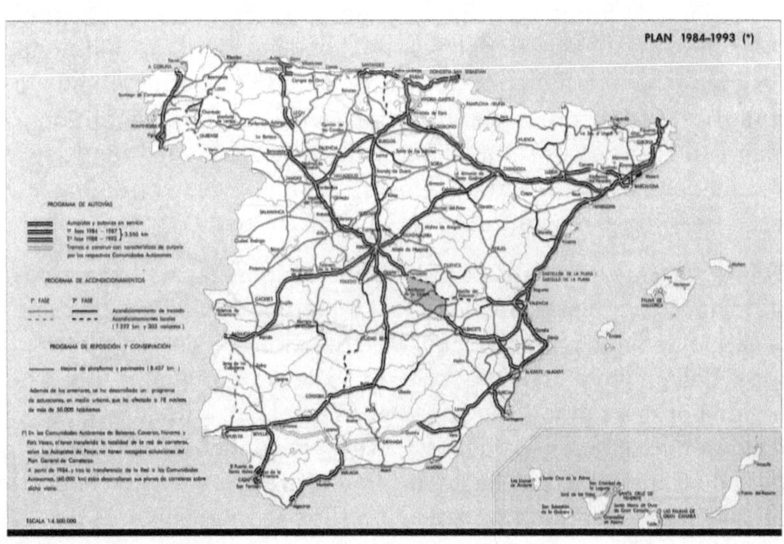

8. Plan Nacional de Vías de Alta Capacidad (1984-1993)

lización las sedes institucionales de las comunidades y así queda recogido: "2. Los Estatutos de autonomía deberán contener: a) La denominación de la Comunidad que mejor corresponda a su identidad histórica. b) La delimitación de su territorio. c) La denominación, organización y sede de las instituciones autónomas propias." Este hecho conllevará consecuencias de concentración en la estructura policéntrica del país, potenciando las nuevas capitales autonómicas. El proceso de asentamiento de la planta del estado autonómico planteado en la Constitución se llevará adelante en el tiempo, produciéndose la aprobación de los primeros, el País Vasco y Cataluña en diciembre de 1979, mientras que el último estatuto de autonomía en ser aprobado, el de Castilla y León, lo fue en febrero de 1983, cuatro años más tarde.

Con la llegada de Felipe González Márquez a la presidencia del gobierno español en octubre de 1982, una nueva generación de españoles se incorporó a la gobernanza del país. Esta generación con sus mayores, entre otras labores que construyeron un país contemporáneo, lideraron la entrada de España en las Comunidades Europeas. La firma del tratado de adhesión el 12 de junio de 1985, inició un proceso de cambio que para España implicó la obligatoriedad de reconversión de parte de sus estructuras y que a cambio supuso una ingente llegada de fondos europeos orientados a la cohesión territorial. En el año 92 con la firma del tratado de Maastrich, la Comunidad Económica se transformó en Unión Europea, consolidando un nuevo nivel superior de decisión y planificación territorial. La integración de España en Europa y la señalada llegada de los llamados fondos europeos, desde el punto vista físico, afectaron profundamente a la estructura territorial del país en diferentes ámbitos.

En lo referente a las infraestructuras, especialmente las de comunicación, autovías y autopistas, facilitaron la superación del déficit de vías de alta capacidad que padecía España en relación a los estándares europeos. Los planteamientos estratégicos llevados adelante, proyectaron en una primera etapa, las conexiones en el Arco Mediterráneo y en el sur peninsular con el fin de garantizar la conectividad interna del triángulo Barcelona, Sevilla, Madrid y de éste con el anillo Central Europeo a través del levante y en relación a los acontecimientos del 92. Los mapas de tráficos editados por el Ministerio de Obras Públicas y

9. Transformación de las ciudades españolas. Palacio de Congresos y Exposiciones de Salamanca (1992)

Transporte en esas fechas, revelan la apuesta estratégica del gobierno central en relación a estas localizaciones, con el fin de generar sinergias para el desarrollo nacional por acumulación al vincularse a una de las áreas europeas más dinámicas, el llamado Arco Mediterráneo. La estrategia de fortalecimiento y priorización de la ejecución de estas vías de alta capacidad y el cosido de las ciudades del sur supusieron relegar otras zonas del país en el tiempo. El noroeste peninsular cedió su acceso inmediato a autovías y autopistas en relación a un pacto nacional tácito que apostó por un desarrollo producido en mancha de aceite, por difusión desde las áreas europeas más dinámicas.

La misma opción estratégica se tomó para la llegada a España de la alta velocidad ferroviaria, que no se consideró prioritaria en relación al transporte por carretera, pero que inició entonces un proceso de ejecución aún en curso. La inauguración de la primera línea de AVE (Alta Velocidad Española), entre Madrid y Sevilla se produjo el 14 de abril de 1992. La conexión con Barcelona completó el diseño que dio forma a la estructuración territorial del país a través del ferrocarril.

La transformación de los aeropuertos tuvo especial relevancia y se puede vincular de modo más directo a la estrategia tanto de desarrollo territorial vinculado al Arco Mediterráneo como a los acontecimientos del 92. Se remodeló por completo el aeropuerto de Barcelona y se inauguró el de San Pablo en Sevilla. Madrid inició el proceso de proyecto de su nueva terminal, que culminaría en el año 2000 con el inicio de los trabajos de construcción.

Tanto las infraestructuras ferroviarias como aeroportuarias participaron de modo decisivo y a escala menor en la transformación arquitectónica de las ciudades. Las nuevas puertas de Madrid, Barcelona y Sevilla serán los aeropuertos y las nuevas estaciones de tren. Estas actuaciones progresivamente y más allá de 1992, se extenderán a gran parte de las ciudades españolas, en especial a aquellas que se asumieron su papel de capitales autonómicas.

Las ciudades españolas cambiaron su imagen urbana gracias a la llegada de los fondos europeos. Si en el 92, Barcelona transformó su estructura urbana con las intervenciones orientadas a dar cabida a los Juegos Olímpicos, Sevilla integró una nueva zona de borde de la ciudad y Madrid inició su proceso de transformación, la mayoría de las ciudades se encontraban inmersas en un proceso de renovación y equipamiento urbanístico. Este proceso se planteó mediante la mejora de las condiciones de urbanización física del espacio público existente y la puesta en juego de otros espacios nuevos, (son especialmente reseñables las actuaciones sobre los bordes marítimos en las ciudades litorales, que se abrían al mar en la década de los noventa). Por otro lado la gran mayoría de las ciudades se equiparon con nuevos elementos singulares, que actuaron como contenedores de funciones urbanas públicas dando respuesta a los déficits educativos, culturales, deportivos e institucionales que el país presentaba.

La estructura autonómica diseñada en la Constitución de 1978 incidió de modo rotundo en la legislación urbanística que reguló el desarrollo del tejido urbano de la época. El 26 de junio de 1992 se publicó en el BOE el Real Decreto Legislativo por el que se aprobó el Texto Refundido de la nueva Ley sobre el Régimen del Suelo y Ordenación Urbana. Esta ley fue derogada prácticamente en su totalidad por la sentencia del Tribunal Constitucional 61/1997, que de modo indirecto consagró la

10. Transformación de la estructura territorial del rural. Núcleo rural en Sarria, Lugo (1992)

competencia autonómica en la ordenación del territorio y el urbanismo. A partir de esa sentencia la ordenación la proyectación territorial y de las ciudades será un asunto de las diferentes autonomías.

También el medio rural se vio transformado por el proceso de integración europeo. Éste determinó el cambio y la crisis de las estructuras agroganaderas españolas y por tanto la mutación de las formas construidas del paisaje. La llegada de los fondos orientados al desarrollo rural aceleró el proceso de tecnificación agraria, la concentración de la población en determinados nodos rurales con el consiguiente despoblamiento del territorio rural y la apuesta por la diversificación de la actividad.

CONCLUSIÓN

En un contexto de construcción global y de transformación integral de España, en 1992 culminaron tres operaciones estratégicas en el marco de un proyecto de país, que se plantearon y se llevaron a cabo de modo colectivo e intergeneracional. Barcelona, Madrid y Sevilla, fueron catalizadores urbanos que expusieron y expandieron el proceso de transformación de España a la contemporaneidad.

LAS INFRAESTRUCTURAS DEL 92: ESCALA TERRITORIAL Y URBANA

Carlos Nárdiz Ortíz

Carlos Nárdiz Ortíz es doctor Ingeniero de Caminos, Canales y Puertos y profesor de Urbanismo y Ordenación del Territorio en la Escuela Técnica Superior de Arquitectura de A Coruña

Las infraestructuras que se construyeron en Barcelona con los Juegos Olímpicos, y en Sevilla con la Expo, junto con el ferrocarril de alta velocidad Madrid-Sevilla, fueron los grandes beneficiarios de los actos del 92, que transformaron ambas ciudades, recuperando en el caso de Barcelona el borde litoral y en Sevilla, el anterior cauce del Guadalquivir, junto con la transformación de las anteriores redes de saneamiento, viarias y ferroviarias en ambas ciudades. Madrid, Capital Cultura 1992, fue beneficiaria indirectamente de estos eventos, con proyectos que venían desde mediados de los años 80, en donde el AVE de Madrid a Sevilla, supuso la transformación de la anterior Estación de Atocha en un intercambiador modal (recuperándose así mismo el entorno), y donde la remodelación ferroviaria del Suroeste a Madrid, dio lugar también al Pasillo Verde Ferroviario. Sin los retos que se impusieron para el 1992, muchas de estas infraestructuras no hubieran sido posibles, o no se hubieran construido en tan corto plazo de tiempo.

BARCELONA

Como decía Oriol Bohigas,[1] frente a la oportunidad de la celebración de unos Juegos Olímpicos, había dos alternativas, la primera, consistente en situar en un ámbito municipal o metropolitano las instalaciones indispensables, con un simple criterio económico en relación a las infraestructuras y equipamientos necesarios, o convertirlos en una oportunidad para la ciudad, de acuerdo con un programa de actuaciones urbanísticas a corto y medio plazo, para superar deficiencias urbanísticas o para acelerar la promoción de unas transformaciones radicales de cara al futuro. Las dos exposiciones universales celebradas en Barcelona en 1880 y 1929, habían seguido este segundo camino.

La decisión en 1986 del Comité Olímpico Internacional (entonces presidido por un catalán, Juan Antonio Samaranch) para celebrar

[1] Oriol Bohigas: *Reconstrucción de Barcelona* (Madrid: MOPU, 1986), 80-81.

en Barcelona los Juegos Olímpicos del 92, sirvió para acelerar proyectos urbanísticos e infraestructurales que venían debatiéndose desde los años 70, pero que el nuevo ayuntamiento democrático de Barcelona, a partir de los años 80, convirtió en referenciada de las transformaciones de la ciudad. Desde el punto de vista urbanístico, Barcelona había aprobado ya en 1976 su Plan General Metropolitano, dirigido por el ingeniero de caminos Albert Serratosa y el arquitecto Joan Antoni Solans, que planteaba un trazado claro de la Ronda litoral y del segundo Cinturón (Ronda de Dalt), y que actuaba incluso sobre el ferrocarril, con la propuesta de levantar el ramal de la Glorias desde Barcelona Término, aunque mantenía el ramal de la Marina del ferrocarril a Mataró. Suponía una propuesta intermedia entre la que proponía el Plan de Enlaces de 1969, en el que desaparecía Barcelona Termino y los ramales de enlace de las Glorias y la Marina, con la creación de una nueva estación en Sagrera.[2]

La capacidad de las nuevas operaciones urbanísticas en áreas condicionadas por la presencia de infraestructuras especializadas (junto con otros espacios vacíos de la ciudad), habían servido al Ayuntamiento de Barcelona desde comienzos de los años 80, para plantear un programa de regeneración urbana, con profesionales que actuasen en la rehabilitación de viviendas y equipamientos y en los espacios públicos, con una reconsideración de los viarios, tratando de transformarlos en avenidas urbanas y de integrarlos en la red de espacios públicos de la ciudad. Entre estos proyectos estaba ya el proyecto para transformar la Avenida de Colón (con seis carriles a cada lado, y fuertes cargas de tráfico) y el Moll da Fusta, realizado por Manuel de Solá-Morales, que se terminó en la misma década, como un modelo de intervención en una carretera urbana.[3]

[2] Para el Plan General de 1976, *vid.* Albert Serratosa: *Objetivos y Metodología de un Plan Metropolitano* (Barcelona: Oikos-Tau, 1979) y para el Plan de Enlaces de 1969, y las transformaciones posteriores hasta el Convenio de 1986 entre Renfe, Ayuntamiento y la Corporación Metropolitana de Barcelona, *vid.* José Aguilera López: «Las experiencias de transformación-localización de estaciones centrales ferroviarias en áreas metropolitanas: Madrid, Barcelona y Sevilla», en *Seminario sobre Ferrocarril, Urbanismo y Territorio* (Valencia: Generalitat Valenciana, 1988), 251-277.

[3] *Plans i Projectes per a Barcelona 1981-1982* (Barcelona: Ajuntament de Barcelona, 1983).

El salto de escala se producirá con las llamadas *Áreas de Nova Centralitat*, también lideradas por el Ayuntamiento de Barcelona, y su área de urbanismo (en donde habían estado Oriol Bohigas, Albert Puigdomenech, Josep Acebillo, y cuyos servicios de planeamientos dirigía entonces Joan Busquets), para plantear en 1986 diez operaciones urbanísticas, como áreas de nueva centralidad de promoción económica y equilibrio urbano, en donde estaba ya (en su planteamiento inicial) la operación para la construcción de la Villa Olímpica, aparte de la transformación de determinados nudos de infraestructuras especializadas como la Plaza Cerdá, la Plaza de las Glorias o la transformación del Port Vell.[4]

En el borde litoral, afectado por la Villa Olímpica, la propia Administración Central venía elaborando desde los años 70 proyectados para la ordenación de este borde (conocido como Costa de Levante, entonces marginal de la ciudad), en el que se localizaban también industrias entre la línea de ferrocarril de Mataró y el borde del mar. El *Plan de Ordenación de la Costa de Levante* (1978), dirigido por el ingeniero de caminos Albert Vilata, había sido precedido por otras propuestas de finales de los años 60 para la ordenación de esta costa, como el Plan de la Ribera de 1967, del arquitecto Antoni Bonet y de la contrapropuesta de Manuel Solá-Morales, que ganó el concurso organizado por el Colegio de Arquitectos. De ellos el más interesante era el de la Costa de Levante, que planteaba por primera vez las obras de defensa de la costa, que era el punto de partida para la recuperación urbana.[5] Estas obras habían sido estudiadas desde mediados de los años 70 por el ingeniero de caminos Pedro Suárez Bores, como apoyo al Plan de Ordenación de la Costa de Levante, y tenían como finalidad la localización de una serie de playas entre los espigones de desagüe de saneamiento de Barcelona y los nuevos espigones que se localizaban para la estabilidad de las arenas.[6]

---

[4] Áreas de *Nova Centralitat 1982* (Barcelona: Ajuntament de Barcelona, 1987).

[5] Cf. una imagen en planta de estos tres propuestas en Oriol Bohigas *et al.*: *Transformación de un frente marítimo*. Barcelona La Villa Olímpica (Barcelona: Gustavo Gili, 1992), 23-25.

[6] *Vid.* Pedro Suárez Bores: «Clasificación de las formas costeras», *Revista de Obras Públicas 3158* (junio 1978) y una reflexión sobre las transformaciones posteriores, hasta la situación actual, en Pedro Suárez Bores: «La ingeniería de costas en España en el siglo XX: Innovaciones y desarrollo». *Revista de Obras Públicas*, 49 (1999), 37-39.

1. Desembocadura del colector de Bogatel

Un aspecto poco conocido de las intervenciones infraestructurales para esta recuperación de la costa en los años 80, que condicionó también el proyecto y la construcción de la Villa Olímpica, fue la solución dada el saneamiento de este borde costero, esencial para iniciar las obras de recuperación. Cerdá ya había intentado enfrentarse a mediados del XIX en su Proyecto de Reforma Interior y Ensanche de Barcelona, con las inundaciones que se producían en la parte baja de Barcelona, como consecuencia de las aguas de escorrentía de la zona alta (la Serra de Collserola), que desciende al llano con un 4 por 100 de pendiente inicial, hasta el Ensanche (con un 1,5 por 100 de pendiente), terminando finalmente en el mar. Para detener las aguas en la cabecera del Ensanche (incluso condicionando el límite del mismo) Cerdá había planteado una rambla colector en 1859, para evitar que estas aguas colapsasen el saneamiento unitario que el mismo proyectó para el Ensanche de Barcelona, y que luego proyectó definitivamente

2. Playa frente al Poble Nou

en 1891, otro ingeniero de caminos, Pedro García Fária, gran admirador de Cerdá.[7]

Las obras de saneamiento de Barcelona, presentaban en los años 80 grandes carencias, que derivaban en vertidos en el litoral que afectaban a la salubridad de las playas (en esos momentos la de la Barceloneta) y a las aguas del mar.

En 1988 se redactó un *Plan Especial de Alcantarillado en Barcelona y de su ámbito hidrológico*, que lo gestionó en el frente litoral de la costa de Levante la Sociedad Villa Olímpica S. A. (formada para el desarrollo de esta villa), y que incluía la remodelación de la red

[7] *Vid.* Francés Magrinyá Tornes: «Las infraestructuras de servicios en las propuestas urbanísticas de Cerdá», en Francés Magrinyá, y Salvador Tarragó: *Cerdá. Ciudad y Territorio* (Barcelona: Fundación Catalana per a Recerca, 1984), 189-203. Para el proyecto de García Faria *vid. Sota la ciutat* (Barcelona: Colegio de Ingenieros de Caminos, 1991).

de saneamiento de este área (para integrar la de la propia Villa), la construcción de nuevos colectores y las obras de desagüe de zonas inundadas. A comienzos de los años 80, al colector de Bogatell (que discurría al aire libre, en los terrenos de la futura Villa Olímpica), se unieron en el frente marítimo los colectores de Ginebra (que recogía el agua de la Ciutat Vella y la Ciudadela), el colector de Bac de Roda, proveniente de Poble Nou, y el colector de Prim, que terminaban también en grandes espigones de la costa. Se construyó además un colector paralelo a la costa para llevar las aguas residuales (con una red de aliviaderos previos) hasta la depuradora del Besós. Sin estas obras de saneamiento no hubiese sido posible la transformación urbanística de la costa de levante.[8]

La imagen hoy del desagüe de los colectores, son los espigones que protegen la salida de las aguas, cuyo tramo principal está construido con escolleras, y cuyo tramo final se reconstruyó con bloques en hormigón armado, para darles estabilidad. Forman avanzadillas sobre el mar que delimitan y protegen los distintos tramos de playa frente al Poble Nou.

La imagen actual de este frente, además de los jardines frente a la Villa Olímpica, con el soterramiento parcial de la avenida del litoral, es la de las playas. A mediados de los años 80 la única playa de la que disponían los barceloneses era de la de la Barceloneta, mientras que en el resto de la costa (con alguna presencia de tramos de playas degradadas) el baño no era adecuado, por los escombros y por los vertidos al mar. La playa de la Barceloneta aparecía ocupada por clubs y chiringuitos entre el paseo marítimo (construido en los años 50) y el mar, y fue la ley de costas de julio de 1988, orientada a la recuperación del dominio público marítimo-terrestre, la que permitió a partir de comienzos de los años 90, por parte de la Demarcación de Costas, un proceso de expropiación y derribo posterior, para librar el espacio de la playa. Después de demoler las edificaciones se aumentó artificialmente la superficie de la playa con arena.[9]

[8] Sobre estas obras de saneamiento *vid.* por ejemplo el artículo de Andújar Maroño y Vidaor Ameztoy: «La evacuación de aguas pluviales en Barcelona», *Cauce 2000*, septiembre-diciembre 1989, 102-107.

[9] Manuel Novoa Rodríguez y Joan Alemany Llovera: *Evolución en la costa de Barcelona* (Madrid: Ministerio de Medio Ambiente, 2005), 139-142.

En el resto de las playas, ya en 1986 se había elaborado el *Proyecto de construcción para la regeneración de la playa del Poble Nou*, entre los colectores de la calle Ginebra y Bogatell, y en 1987 se amplió el proyecto para extenderla también al tramo de costa, con una longitud de 2.500 m, entre la calle Bogatell y la Rambla Prim, con una aportación de medio millón de metros cúbicos de arena a lo largo de cuatro kilómetros y medio de costa. La protección de los arenales, se realizó mediante diques sumergidos para no afectar a las condiciones paisajísticas de la costa, a diferencia del proyecto inicial de Suárez Bores.[10]

La imagen de este frente litoral, es también el *Puerto Olímpico*, que separa la playa de la Barceloneta del frente litoral de Poble Nou. En el Plan de la Costa en Levante de 1978, ya existía la presencia de una base náutica en la prolongación del Paseo de Colón. El *Plan Especial de Ordenación Urbana de la fachada al mar de Barcelona en el sector del Paseo de Carlos I y de la Avenida Icaria*, de junio de 1986, incluía una dársena en forma circular, de 120 m de radio, apoyada en la prolongación del Paseo Carlos I.[11] Las exigencias de los Juegos Olímpicos para convertir el puerto en sede de las competiciones de vela, y la necesidad de insertarlo en la ordenación del entorno urbano, junto con las dificultades de proyecto, al tener que enfrentarse al clima marítimo, determinó el proyecto definitivo, que además de adaptarse a las condiciones funcionales y técnicas, soporta hoy terrazas, restaurantes y paseos públicos (incluido el paso por la parte superior del dique principal y las instalaciones deportivas), jugando un papel intermedio entre puerto (hoy para embarcaciones deportivas) y plaza pública.[12]

La localización de la Villa Olímpica frente al Poble Nou, implicó además una operación infraestructural a gran escala (a mayores de los colectores de saneamiento) que afectó al trazado anterior del ferrocarril, modificando la funcionalidad anterior de la Estación de Francia; y a la autovía litoral, con fuertes cargas de tráfico, que atravesaba el

---

[10] *Ib.*, 161-164.

[11] Esta primera propuesta aparece reflejada en la maqueta y en el plano de la Villa Olímpica, en la que se apoyó el Plan Especial. *Vid.* Oriol Bohigas *et al.: op. cit.*, 27-32.

[12] Juan R. de Clascá Marín y Alfonso Vidaor Ameztoy: «El Puerto Olímpico», *Revista de Obras Públicas*, 3313, agosto-septiembre 1992, 49-53.

3. Puerto Olímpico

4. Cinturón Litoral

5. Paseo Marítimo frente al Poble Nou

6. Ronda de Dalt

frente litoral, integrándolas en la ordenación del frente de la Villa Olímpica.

La *Estación de Francia*, aparece hoy remodelada, de acuerdo con su papel patrimonial, dando frente a su fachada neoclásica en la Avenida de Colón, con un gran vestíbulo que da acceso a la cubierta metálica de los andenes, que se prolonga en la playa de vías en superficie de la parte no enterrada del ramal de las Glorias, antes de atravesar la Villa Olímpica, y de la cual hoy parten solo trenes regionales, ya que las líneas de larga distancia se concentran en la estación en Sants, antes de que en el futuro (con obras ya iniciadas y paralizadas en el 2013) se concentren en la Estación de la Sagrera.[13]

El *Cinturón Litoral*, que había tenido el precedente de la intervención para la transformación de la Avenida de Colón en el Moll da Fusta, concluido en 1987, debió de adaptarse al *Plan Especial de Ordenación del Sector* redactado en 1986 por Bohigas-Martorell, Mackay, Puigdoménech, que planteaba una vía parque que recogía el tráfico transversal, sin producir una barrera entre el nuevo barrio de la Villa Olímpica y el mar. La propuesta final para el Cinturón Litoral, fue precedida de un análisis del tráfico y de la definición de sus características coordinados por J. R. Clascá, que establecía una sección tipo formada por dos calzadas especializadas, sin semáforos, y dos carriles, con amplias bandas de parada para la emergencia, que atravesaba el litoral deprimida o soterrada, con calzadas laterales en superficie con semáforos, integrando todo el Cinturón en el parque del litoral. De esta manera, se planteó un cinturón con dos túneles, uno frente de la Villa Olímpica, y otro ente las calles Llaguna y Pamplona, para dar continuidad al parque litoral. En el resto el tratamiento del Cinturón como vía por debajo del nivel del terreno, con un cuidado en los muros, elemento de urbanización, y ramales para incorporar el tráfico de los ramales laterales (que recogía el de las calles transversales) en el tráfico principal del Cinturón, ha conseguido una vía perfectamente integrada en el parque litoral.[14]

---

[13] Joaquín M. Fenollosa y Mateu Tersol: «Remodelación de la red viaria de Barcelona. Movida Olímpica para el ferrocarril», *Cauce 2000*, septiembre-diciembre 1989, 84- 88.

[14] Joaquín M. Fenollosa y Mateu Tersol: «El cinturón litoral y la villa olímpica. Crecer hacia el mar», *Cauce 2000*, septiembre-diciembre 1989, 92-98.

La imagen hoy del borde litoral de la Villa Olímpica, y del Poble Nou, es también la del *Paseo Marítimo* que delimita el parque litoral, y que sirve de transición al espacio de las playas. Para su realización también aquí hizo falta un convenio entre el MOPT (del cual dependía entonces la costa) y el Ayuntamiento de Barcelona (con una participación respectivamente del 70 y el 30 por ciento) y la correspondiente Comisión de Seguimiento. El Paseo Marítimo, cuyos proyectos fueron coordinados por la Demarcación de Costas (que se ubicó después en el edificio proyectado por Álvaro Siza en la proximidad del Puerto Olímpico, junto con el Instituto Metereológico) se realizará en distintos tramos.[15]

La *Villa Olímpica*, proyectada para localizar 15.000 residentes durante los juegos, con una estructura reticular que intentaba prolongar la trama de Cerdá (dejando como imagen los chaflanes de los cruces entre calles), y con sus supermanzanas como elementos de ordenación, con edificios perimetrales que mantenían el carácter tradicional de las calles, tuvo además su apuesta por la calidad en las características de la urbanización de las calles, con el equilibrio entre las dimensiones de las aceras y calzadas, con la presencia de árboles, con elementos escultóricos, con las pérgolas de la Avenida Icaria de Miralles y, sobre todo, con la calidad de las redes, con la que se construyó la urbanización. Por una parte, frente a las redes clásicas, se incorporó la recogida neumática de residuos domésticos, y se integraron las redes en galerías de servicios prefabricados y registrables, para la inspección de las distintas compañías, mejorando así mismo la conectividad con el resto de las redes del propio Poble Nou.[16]

El Cinturón Litoral de Barcelona (o Ronda Litoral) se completaba con el *II Cinturón (o Ronda de Dalt)*, como obra infraestructural, sin duda más destacada, junto con las obras llevadas a cabo en el borde litoral. La Red Arterial del MOPU de 1964, ya recogía este segundo cinturón, que retomó el Plan Director del Área Metropolitana en 1966,

---

[15] Manuel Novoa Rodríguez y Joan Alemany Llovera: *op. cit.*, 169-174.

[16] Ver por ejmplo las características de estas redes en Manuel Herce y Joan Miró: *El soporte infraestructural de la ciudad* (Barcelona: Edición UPC, 2002).

7. Túnel de Valdevidrera

que lo relacionaba con unos túneles para atravesar el Tibidabo como nuevo acceso a la ciudad.

El II Cinturón, con una longitud de 27 km, conecta el Prat de Llobregat (en la Autovía de Castelldefels) con Montjat (en la A-2. De un tramo intermedio, en la llamada Plaza Borrás, parte el acceso al *túnel de Vallvidrera*. Las obras del II Cinturón, objeto de un convenio entre la Generalitat y el Ayuntamiento de Barcelona (financiado en gran parte por la Generalitat), fueron terminadas para los Juegos Olímpicos del 92. Los distintos tramos de este II Cinturón, especialmente entre el cruce de la Diagonal y el Nudo de la Trinitat, en donde el cinturón aparece deprimido respecto a los barrios del entorno (con doble calzada, y rampas de acceso al nivel superior), siguiendo la falda del Monte Tibidabo, son un ejemplo de proyecto y de integración de una vía urbana en el entorno, en donde se apuraron las exigencias de trazado y las características de la sección, en aras de esa integración.[17]

La *Plaza de Borrá*s en la Ronda de Dalt, proyectada como una estructura a tres niveles para el acceso desde el II Cinturón al túnel de Valdevidrera, planteaba un problema estructural y funcional, que se solucionó con una losa circular de 1,5 m de canto apoyada en los muros laterales, y con ocho pilas centrales, cuyos cálculos integraron las distintas fases de su ejecución.[18] La plaza es atravesada en un primer nivel inferior por el II Cinturón, y en un segundo nivel, por el acceso desde la Vía Augusta al *túnel de Valdevidrera*. El túnel, una obra menos conocida de la actuación infraestructural que se hizo para el 92, al que da nombre el barrio que cierra el norte el llano de Barcelona, antes de la sierra del Tibidabo, se construyó para conectar Barcelona con la comarca del Vallés, al norte de la sierra y conectar la ciudad con la autopista de Francia (la A-7) y San Cugat.[19]

Todas estas operaciones infraestructurales y de renovación urbana de Barcelona, no hubieran sido posibles sin las coordinación entre administraciones y la constitución de Sociedades Públicas para llevarlas a cabo, integradas en el llamado Holding Olímpico (Holsa), cuyo presidente fue Santiago Roldán. En ese Holding se integró el Institut Municipal per la Promoción Urbanística S.A. (IMPUSA), Villa Olímpica S.A. (VOSA), Anillo Olímpico de Motjuic, S.A. (AOMSA), en donde la Administración central aportó el 51 por 100 de la inversión que en 1989, se presupuestó en 101 mil millones de pesetas, y en la que la Generalitat (que se había hecho cargo del II Cinturón entre

[17] Pablo Nonell Rodríguez: «El II Cinturón de Barcelona. La Montaña por Fachada», Cauce 2000, septiembre-diciembre 1989, 59- 64 y Jorge Torrella Cascante: «Segundo Cinturón de Barcelona: Tramo Diagonal-Meridiana», *Revista de Obras Públicas*, agosto-septiembre 1992, 37-42.

[18] Javier Manterola y Leonardo Fernández Troyano: «Plaza Borrás», *Revista de Obras Públicas*, agosto-septiembre 1992, 43- 48.

[19] Joan Almirall i Bellido: «El eje viario del Túnel de Vallvidrera», *Cauce 2000*, septiembre-diciembre 1989, 68-73.

8. Torre de Collserola

la Diagonal y la Meridiana) y el túnel de Valdevidrera (a través de la empresa Tabasa) no participó. El Ayuntamiento de Barcelona, a través de las sociedades anónimas AOMSA, con su director J. A. Acebillo, llevó a cabo las obras de la urbanización del Anillo Olímpico.

Este anillo, que se localizó en Montjuic (que ya había sido objeto de la exposición universal de 1929) fue el resultado de un concurso ganado por Correa y Milá, en el que se localizaba el Estado Olímpico, que remodelaba el estadio anterior (proyectado de Gregotti, Correa, Milá, Buxadé, Margarit), el Palacio de Deportes o Palau Sant Jordi (proyectado por Arak Isosaki y Julio Martínez Calzón), el Centro de Prensa (proyectado por Boffil), y la torre de comunicaciones (proyectada por Calatrava), con una plaza central frente al estadio. Para el aumento de la distribución de agua que necesitaba los juegos y las villas olímpicas, se construyó un nuevo depósito de agua de 60.000 m³, bajo la actual plaza de Europa.[20]

Una obra infraestructural, que se asocia menos a la Barcelona del 92, fue la *Torre Collserola*, proyectada por Foster y Arup, como torre de comunicaciones, construida en la Sierra de Collserola, con motivo de los Juegos Olímpicos, para albergar distintas campañías de televisión y telefónicas, a partir de un mástil único atirantado al suelo, con doce plataformas intermedias que sostienen las comunicaciones, y un edificio parcialmente soterrados al pie de la torre. Para el ingeniero Jack Zunz, que presidió Arup and Partners entre 1977 y 1989, esta torre, junto con el aeropuerto de Stansted y la ampliación de la Sackel Gallery de Londres, son las tres obras que mejor definen el sello especial de Foster. En la definición constructiva final, tuvo una participación importante el ingeniero de caminos Julio Martínez Calzón, que había participado en el proyecto del Palau Sant Jordi.[21]

La conexión entre el Anillo Olímpico y la Villa Olímpica, se planteó también a través del transporte público, en donde aparte de las comunicaciones por autobús, la línea 3 de metro al pie de Montjuic (estación de Paralelel) en el borde litoral, se continuó con un funicular hasta el propio monte de Montjuic en la proximidad de las instalaciones olímpicas. La red de metro además, mejoró en estas áreas las condiciones de accesibilidad para todo tipo de usuarios, con cualquier tipo de discapacidad, con la instalación, por ejemplo, de ascensores en la línea 2.[22]

---

[20] Para las distintas soluciones planteadas en el concurso *vid.* Oriol Bohigas: *op. cit.*. Sobre la parte estructural y constructiva de las obras del anillo olímpico, *vid.* en *Cauce 2000*, septiembre-diciembre 1989, los artículos de Buxadé y Margarit: «Estadio Olímpico de Montjuic», (110-116); Ortíz: «Estructuras del Palau de Sant Jordi» (120-126) y López Bosh: «Depósito de agua potable de la Plaza de Europa» (128 a 132). Sobre el proyecto, la estructura y la construcción del Palacio de San Jordi *vid.* también Julio Martínez Calzón: «El Palau Sant Jordi en Barcelona», *Revista de Obras Públicas*, agosto-septiembre 1992, 11-35.

[21] *Vid. AV monográfico* 138 «Norman Foster», 1992 y Julio Martínez Calzón y Manuel Juliá Vilardell: «El proyecto ejecutivo y la construcción de la Torre de Collserola», *Hormigón y Acero*, 184, 1992.

[22] José Antonio Juncá Ubierna: «El metro de Barcelona. Apuesta por la accesibilidad: Hacia un metro para todos», *Revista de Obras Públicas*, agosto-septiembre 1992, 55-59.

MADRID

Madrid Capital Cultural 1992, no tuvo una repercusión especial en la transformación directa de las infraestructuras, con la excepción quizás de la *Operación Atocha*, aunque esta operación se había iniciado a mediados de los años 80, aunque la asociación posterior a la misma del AVE Madrid-Sevilla, hizo que la comentemos aquí como parte de las obras del 92. Igualmente la transformación que preveía el Plan General de 1985 del entorno de las estaciones de ferrocarril de Delicias, Imperial, Peñuelas y Príncipe Pío, para solucionar la barrera que significaban las playas de vías en torno a las estaciones, dentro de lo que se llamó «El Pasillo Verde ferroviario de Madrid», acometidas en esos años, podemos asociarla a la renovación urbana que se estaba produciendo entonces en Madrid. Finalmente, una operación nacida a mediados de los años 80, como fue el cierre de la M-30, a través de la Avenida de la Ilustración, en cuanto que supuso el final de un debate sobre las características que debía tener esta vía urbana, con fuertes cargas de tráfico, que atravesaba unos barrios construidos, y por terminarse también en el año 1992, la tratamos aquí. Al mismo tiempo en la ciudad se estaban acometiendo obras importantes con la construcción de la M-40, la ampliación de la red de metro, la construcción de intercambiadores regionales, llevadas a cabo por la entonces Consejería de Política Territorial de la Comunidad de Madrid, dentro de unas Estrategias Territoriales para la Región Metropolitana, que afectaban a las infraestructuras del agua y el saneamiento, y a los medios de transporte urbano.[23]

La llamada *Operación Atocha*, tenía una parte funcional: integración de las distintos servicios ferroviarios en esta estación del sur de Madrid, reordenación del tráfico en torno al espacio de la estación; y una parte paisajística, demolición del viaducto elevado de Atocha, construida a finales de los años 60, reordenación de la glorieta de Atocha, para potenciar su carácter de espacio público, y una parte urbanística, tratando de dotar de centralidad a esta parte de Madrid, con la construcción de equipamientos como el Reina Sofía.

[23] *Vid. Madrid Región Metropolitana. Estrategia Territorial y Actuaciones* (Madrid: Comunidad de Madrid, 1991).

9. Estación de Atocha

La reordenación de los servicios ferroviarios formaban parte del
Plan Ferroviario para el área metropolitana de Madrid, elaborado
por el Ayuntamiento de Madrid (a través de la antigua COPLACO),
RENFE, el Ministerio de Transporte en 1982, y que luego recogerá
el Plan General de 1985, para potenciar los transportes colectivos,
mejorando el servicio ferroviario de cercanías, comenzando por Atocha, Chamartín y Prince Pío, por medio de grandes intercambiadores
metropolitanos que favoreciesen la accesibilidad a las estaciones.

La imagen que ha quedado de la Operación Atocha ha sido la integración de la antigua estación, con la fachada de Alberto del Palacio, convertida en un jardín botánico, con la nueva estación de Alta
Velocidad y Cercanías, de acuerdo con el concurso ganado en 1986
por Rafael Moneo. Detrás de la imagen final de la estación, hay sin
embargo una compleja operación infraestructural que afectó a la

10. Pasillo Ferroviario en torno a la estación de Delicias

red viaria y a la red ferroviaria. La demolición del paso elevado de Atocha, se compensó con la construcción de un paso inferior bajo la glorieta de Carlos V, obra de Leonardo Fernández Troyano y Javier Manterola, que supuso así mismo la modificación de los servicios subterráneos, y la recuperación del entorno de la glorieta, con la recuperación de la plaza del entorno y la Cuesta de Moyano, con proyectos realizados por Antonio Fernández Alba.[24]

Respecto a la red ferroviaria, aparte de las 15 vías que se proyectaron para la llegada del AVE, con ancho internacional y largo recorrido Renfe, de lo que se llamó «La Puerta de Atocha», se proyectaron 10

[24] *Grandes Proyectos Urbanísticos* (Madrid: MOPU, 1985), 38-41.

vías en la Estación de Cercanías (cuatro de ellas pasantes, hacia la estación de Chamartín) y la línea de metro, con la creación de un intercambio modal.[25] La articulación entre la estación de largo recorrido con la nueva cubierta (a modo de sala hipóstila, con altas columnas de hormigón que soportan los módulos metálicos de la cubierta proyectados por Javier Manterola) y la estación de cercanías a un nivel inferior (con el aparcamiento superior), la resolvió Moneo con el intercambiador de forma cilíndrica, que sirve de acceso a las cercanías, y en el que en superficie se produce el giro de los autobuses a través de la parada próxima al intercambior.[26]

El *Pasillo Verde Ferroviario de Madrid*, partía también de un razonamiento funcional respecto a los nuevos servicios ferroviarios que se recogían en el Plan Ferroviario para el Área Metropolitana de Madrid de 1982, pero en él aparecía también una componente urbanística derivada del convenio que el 25-5-87 firmaron el Ayuntamiento de Madrid y Renfe para integrar el ferrocarril en la ciudad en el tramo entre Prince Pío y Atocha. El convenio se tradujo casi dos años después (en que se estudiaron las soluciones, y se realizaron los proyectos) en la firma de un nuevo convenio para la creación del Consorcio Urbanístico que llevará a cabo la integración del ferrocarril. Esta integración incluía la renovación de un área urbana del sudoeste de Madrid en la que aparte de la separación que suponían las playas de vías, existían industrias y almacenes obsoletos, junto con determinados edificios (aparte de las estaciones) como mercados e industrias de un valor patrimonial.

La operación Pasillo Verde Ferroviario de Madrid con un área de 131 ha, y una longitud de 7,5 km, supuso el soterramiento de 4 km del ferrocarril, la creación de un bulevard de 3,5 km, con calles de conexión con el resto de la trama urbana, 40 Ha de parques y jardines, la construcción de unas 1.500 viviendas (con precios libres y tasados) aparte de la localización de usos comerciales y de oficinas. Toda la operación resultó autofinanciada mediante los ingresos del

[25] José Aguilera López: *op. cit.*, 257-263.

[26] Los planteamientos arquitectónicos del proyecto de Atocha fueron definidos por el propio Rafael Moneo en *Apuntes sobre 21 obras* (Barcelona: Gustavo Gili, 2010), 173-179.

Consorcio por la venta de los terrenos edificados, que eran expropiados por el Área Metropolitana de Madrid, con los terrenos ferroviarios a coste cero.[27]

Las actuaciones llevadas a cabo en el Pasillo Ferroviario de Madrid incluyeron tanto el entorno de la Estación Príncipe Pío, como el entorno de las anteriores estaciones de Imperial, Peñuelas y Delicias. En el entorno de la Estación de Delicias (hoy convertida en Museo del Ferrocarril) se actuó en un área de gran extensión hasta el Parque del Tierno Galván, siguiendo el eje de las anteriores vías de ferrocarril (en uso para las cercanías), en un enorme descampado de zonas verdes, con un grado de abandono entre la estación y el Parque de Tierno Galván.

Como expresión de una forma diferente de proyecto de un vial urbano, que estaba llamado al cierre de la M-30, a través de la vaguada, entre barrios con torres edificadas, se cita aquí la *Avenida de la Ilustración*, como un proyecto ilustrado de carretera urbana, con glorietas en los cruces con estructuras, proyectada por el equipo de los ingenieros de caminos José A. Fernández Ordóñez y Julio Martínez Calzón, y los arquitectos Jerónimo Junquera y Estalisnao Pérez Pinta, que dará una respuesta urbana a una vía anterior rechazada por los habitantes del entorno. Este equipo formado para la Avenida, les sirvió para presentarse al Concurso de la Expo de Sevilla 92, que ganarán.

EL AVE Y SEVILLA

En 1987, el entonces del MOPT había aprobado el *Plan de Transportes Ferroviarios (PTF)*, con el objetivo de modernizar la red, introducir tramos con vías dobles y variantes a 200 km/h (en esos momentos planteadas con ancho Renfe), integrar la red española en las redes europeas, con la contrapartida del cierre de líneas deficitarias, que produjo un primer revulsivo (o reflexión general) sobre la transfor-

---

[27] Félix Arias Goyte: «Pasillos verdes ferroviarios. Madrid y Oviedo», en *Integración del Ferrocarril en el Medio Urbano* (Madrid: Fundación de los Ferrocarriles españoles, 1994), 111-118.

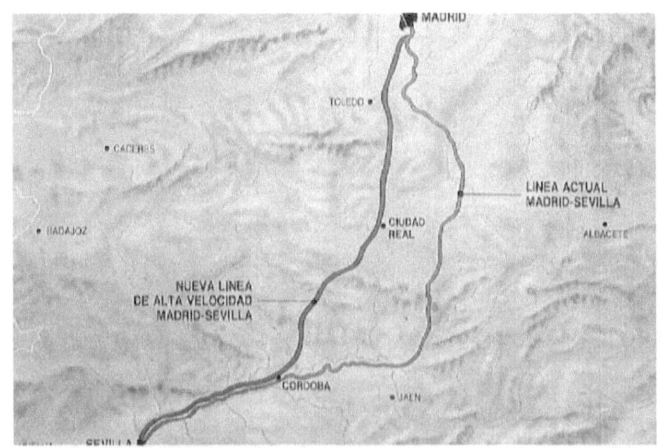

11. Variante de
Brazatortas del AVE
Madrid-Sevilla

12. Plano de la
Expo Sevilla 92

mación de la red de ferrocarril. Este plan introducía ya la variante
de Brazatortas-Córdoba, en el acceso ferroviario a Andalucía, en
un corredor del ferrocarril saturado, que reducía la distancia entre
Madrid y Sevilla en unos 100 km, reduciéndose a 471 km.

Cuando habían comenzado las obras de esta variante de Brazotortas, con posibilidades de alcanzar los 250 km/h, el Consejo de Ministros celebrado en diciembre de 1998, tomó la decisión (con muchas
dudas, e incluso por parte del Presidente de Gobierno, por el debate
que se generó en la prensa) de construir el nuevo ferrocarril con
ancho internacional. La decisión de celebrar en Sevilla la Exposición

13. Andenes de la Estación de Santa Justa

Universal del 92, relacionada con el Quinto Centenario del descubrimiento de América, condicionó esta decisión.

El *AVE Madrid-Sevilla* que supuso la construcción de casi 10 km de viaductos, y más de 15 km de túneles, para desarrollar velocidades máximas de 300 Km/hora, con radios de giro mínimos de 4.000 m, y que se terminó en un plazo record de cuatro años, introdujo la alta velocidad en España, de la que el único precedente en Europa era el París-Lyon, terminado a principios de los años 80 para sustituir una línea anteriormente saturada. El 20 de abril del 1992, el primer AVE de Madrid-Sevilla hacía su recorrido, con el que se daba también salida a la Exposición

14. La Expo desde el Parasol de la Plaza de la Encarnación

Universal, que supuso una transformación radical para Sevilla de sus infraestructuras ferroviarias y viarias, especialmente.[28]

Sevilla, en el siglo XIX, estaba comunicada por dos *líneas de ferro-carril*: la procedente de Madrid, que seguía desde Córdoba el borde del Guadalquivir hasta la estación de Plaza de Armas de la compañía MZA, y el ferrocarril de Sevilla-Cádiz, por Jeréz, de la compañía de Ferrocarriles Andaluces, que construyó la estación de San Ber-

[28] La revista *Vía Libre* dedicó en abril de 1992 (N° 339) un especial al AVE Madrid Sevilla, en donde se definía su trazado y sus características constructivas.

nardo. Ambas estaciones estaban enlazadas por un empalme que continuaba el borde del Guadalquivir hasta el puerto, construido con la fusión de ambas compañías, que durante décadas impedían las relaciones de la ciudad histórica con el río. La Red Arterial de 1974 (las redes arteriales, significaban en esos años el esfuerzo por hacer compatible las demandas ferroviarias con las urbanísticas), recogía ya la necesidad de la nueva estación de Santa Justa para pasajeros, un ramal exterior para mercancías en la nueva estación de La Negrilla, un ramal subterráneo entre Santa Justa y San Bernardo, el levantamiento de los trayectos de San Jerónimo (en la línea de Córdoba Sevilla) y Plaza de Armas, y un nuevo ramal de acceso a Huelva por la Corta de la Cartuja. Estas propuestas fueron recogidas posteriormente en el Plan General, y en el Convenio de 1987 para la remodelación de la Red Arterial de Sevilla, con la estación de Santa Justa dedicada exclusivamente a viajeros.[29]

El comienzo en 1987 de la construcción de la Variante de Brazotortas y la transformación en alta velocidad con ancho internacional, junto con la necesidad de liberar los terrenos del Guadalquivir atravesados por el ferrocarril frente a la isla de la Cartuja, sirvió para acelerar este proceso, con el cierre de las líneas que llegaban a la Plaza de Armas, en septiembre de 1991 y con la puesta en servicio de la nueva estación de Santa Justa el 2 de mayo de 1991. Con la nueva estación se inauguró un túnel de salida hacia Cádiz, de 2,23 km, y se concentraron los servicios de mercancías en la estación de La Negrilla. El cierre de la estación Plaza de Armas, llevó consigo su remodelación por su centralidad en la ciudad, en el borde del Guadalquivir.[30]

La Estación de Santa Justa, proyectada por Antonio Cruz y Antonio Ortiz, arquitectos, y la ingeniería INECO, tiene dos partes claramente

[29] José Aguilera López: *op. cit.*, 269-277 y Miguel Cano López-Luzzotti: «La red arterial de Sevilla transformada después de treinta años de planes y proyectos», *Revista de Obras Públicas*, 23, 1992, 66-75.

[30] Sobre la operación en torno a la Estación Plaza de Armas *vid.* Antonio Barionuevo Ferrer: «La experiencia de la obra de Acondicionamiento de la Estación de Ferrocarriles Sevilla-Plaza de Armas: ¿Una estación sin Futuro Ferroviario?», *Integración del Ferrocarril en el Medio Urbano*, *op. cit.*, 279-316 y Francisco Conde Fernández: «La estación de Plaza de Armas». *Revista de Obras Públicas*, 24, 1992, 58- 65.

15. Puente de la Barqueta, de Juan José Arenas

diferenciadas: el gran vestíbulo de acceso, formado por un edificio de tres plantas, con una cubierta inclinada, metálica, retranqueada respecto al acceso principal, fachada exterior de ladrillo, y unos andenes en planta baja, cubiertos por unas bóvedas coincidentes con las distintas vías, apoyadas en pilares sobre los andenes. Su planta rectangular, construida en un barrio con viviendas de baja calidad en el entorno, ha intentado dotar a este barrio de una cierta centralidad, como atractor de actividades, sin conseguirlo, a pesar de su voluntad urbana.[31]

[31] *Vid.* Francisco Mangano: «Del carácter urbano de una infraestructura» en el catálogo de la exposición *Cruz y Ortiz. 12 edificios* (Madrid: Museo ICO, 2013), 34-57.

16. Red Viaria perimetral de Sevilla, construida con la Expo 92

Sevilla, que había sufrido históricamente *las inundaciones del Guadalquivir*, por su emplazamiento en las llanuras de este río (los escritos antiguos hablaban de *Hispalis*, construida sobre terrenos pantanosos con pilotes o palafitos), tuvo en este río su principal condicionante para su crecimiento, con arrabales históricos como Triana, cuya accesibilidad solo se resolverá con el puente metálico construido a finales del siglo XIX, en sustitución de un anterior paso de barca. La propia muralla, actuaba de barrera de defensa frente a las inundaciones del río Guadalquivir y su afluente el arroyo en Miraflores, hasta su demolición a mediados del XIX. Ello determinó el desvío de este arroyo y el de Tamarguillo hacia el sur en el primer tercio del siglo XX, construyéndose también en esta época la Corta de Triana, que convirtió el anterior cauce, frente a la ciudad histórica, en una dársena, con la ruptura del curso del Guadalquivir mediante el tapón de Chapina, convirtiéndose el cauce de los anteriores arroyos en rondas. El proceso final de esta transformación se produjo a partir de los años 70 del siglo XX, con la Corta de La Cartuja (de 7 km de longitud) que dio lugar a un nuevo espacio (la isla de La Cartuja) de 500 Ha, que fue expropiado, y en el que aproximadamente en la mitad (215 Ha) se ubicó la Exposición Universal del 92.[32]

El Concurso de Ideas convocado a principio de 1986, para ordenar los futuros terrenos de la Expo, fue ganado ex asequo (por tener el mismo número de votos) por el equipo liderado por el ingeniero de caminos José A. Fernández Ordóñez (en el que estaban también Julio Martínez Calzón y los arquitectos Jerónimo Junquera y Estanislao Pérez Pita), y el equipo liderado por el arquitecto Emilio Ambasz, cuyas propuestas contradictorias llevaron a encargar al arquitecto Julio Cano Laso una síntesis formal de las soluciones premiadas. La síntesis incluía la presencia del agua en el interior del recinto (como en la propuesta de Ambasz), el cruce de la isla de La Cartuja por un nuevo vial que se continuaba con otro paralelo a la isla de la corta de La Cartuja para el acceso a las instalaciones (propuesto por Fernández Ordóñez), la restitución del cauce histórico

---

[32] Para una historia del desarrollo urbano en Sevilla *vid.* Manuel Guàrdia, Francisco Javier Monclús y José Luis Oyón: *Atlas Histórico de ciudades Europeas*. Península Ibérica (Barcelona: Salvat, 1994), 183-209.

del Guadalquivir, modificando el tapón de la Chapina, y la recuperación de la margen izquierda del río, como un parque urbano a partir de los anteriores terrenos ocupados por el ferrocarril. Como decía el Director General de Proyectos y Construcción de EXPO'92, Ginés Aparicio, a partir de 1986, pasada la fiebre del diseño formal, había que inventar la exposición que se iba a celebrar cinco años después, considerando urgente el comienzo de las obras de infraestructuras, por lo que en Julio de 1987, se redactó un Plan Director de la EXPO'92, que se completó también con un Plan Especial.[33]

Una de las intervenciones más trascendentales para Sevilla, aparte de la transformación de la red viaria que comentaremos después, fue la construcción de nuevos puentes sobre el Guadalquivir, que hoy forma parte del paisaje urbano del río. Los puentes de La Barqueta, el Alamillo (o San Lázaro-Camas), la Cartuja, la Chapina, el Centenario, proyectados respectivamente por Juan José Arenas, Santiago Calatrava, Fritz Leonhardt, José Luis Manzanares (como directores de equipos más amplios), junto con el Puente móvil de Las Delicias en la dársena del Puerto, proyectado por Javier Manterola y Leonardo Fernández Troyano, han quedado también como imagen de lo que supuso para Sevilla la exposición del 92.[34]

Finalmente Sevilla, con la exposición del 92, se benefició de una red viaria perimetral, resolviendo la situación anterior del tráfico de paso atravesando las calles de la ciudad, con grandes atascos, y paso por la misma de mercancías peligrosas. El resultado fue un cinturón completo de circunvalación de 32 km de longitud, con doble calzada y tres carriles por calzada (excepto el Puente del Centenario, con doble carril y uno central reversible), con características de autovía (por tanto sin ningún cruce a nivel), excepto en el tramo urbano, coincidente con la Ronda norte, próximo al río.[35]

[33] Para las ideas presentadas al Concurso, *vid.* Exposición Universal EXPO'92, Sevilla (Sevilla: Sociedad Estatal Expo Sevilla'92, 1986). *Vid.* también la propuesta síntesis en Ginés Aparicio Soto: «El proceso de diseño en EXPO'92», *Revista de Obras Públicas*, julio 1992, 53-62.

[34] En el libro editado en 1992 por el Colegio de Ingenieros de Caminos, Canales y Puertos *Sevilla. Puentes 92* se puede ver una descripción de estos puentes por parte de sus autores.

[35] Emilio Miranda Valdés: «La nueva red viaria de Sevilla», *Revista de Obras Públicas*, julio 1992, 13-23.

Es de justicia destacar aquí el papel que jugó el ingeniero de caminos Jacinto Pellón, Comisario de la Expo (en sustitución de primer
comisario Manuel Olivença) que fue capaz de gestionar el proceso
completo de construcción de la infraestructuras para la EXPO, y
que se vio envuelto en un debate político, por lo que se le debe un
reconocimiento público del éxito de la exposición (de la que en estos
momentos se recuerdan los 25 años) y, sobre todo, de la construcción de infraestructuras de las que hoy se beneficia la ciudad de
Sevilla, independiente de los déficits que han tenido después el uso
de las edificaciones de la isla de La Cartuja.

TECNOLOGÍA Y CONSTRUCCIÓN EN LAS ARQUITECTURAS DEL 92

Juan Pérez Valcárcel

Juan Pérez Valcárcel es catedrático de Estructuras en la Escuela Técnica Superior de Arquitectura de A Coruña

LOS FASTOS DEL 92

En el año 1992 tres acontecimientos simultáneos pusieron a España en el centro mediático del planeta: la Exposición Universal de Sevilla, los XXV Juegos Olímpicos de Barcelona y la Capitalidad Cultural de Madrid. Además de otros muchos aspectos de relevancia, nos interesa analizar su proyección arquitectónica en general y en este artículo su proyección estructural y constructiva. Este tipo de acontecimientos suelen venir acompañados de la realización de edificaciones representativas de importancia, que acostumbran a recurrir a las tecnologías más novedosas del momento y naturalmente este caso no ha sido la excepción.

Conviene señalar con precisión este objetivo concreto. Nos vamos a centrar en aquellas realizaciones que han supuesto una novedad tecnológica o que hayan supuesto avances significativos en técnicas ya conocidas, con independencia de su relevancia arquitectónica, que será el objetivo de otros estudios.

En este aspecto las diferencias entre los tres acontecimientos han sido muy significativas. En el caso de la Capitalidad Cultural Europea de Madrid, su influencia en el devenir arquitectónico fue muy poco relevante. La trayectoria de la arquitectura madrileña apenas sufrió ningún cambio con el evento. Por el contrario Barcelona'92 y Sevilla'92 fueron acontecimientos de gran influencia tanto en la arquitectura como en el urbanismo de ambas ciudades. También en el aspecto tecnológico se aportaron realizaciones muy notables, que se estudiarán.

Por este motivo se van a analizar las tres sedes en orden inverso a su importancia. En primer lugar haremos una breve semblanza de Madrid'92, luego se estudiará Barcelona'92 y por último Sevilla'92 que desde nuestro punto de vista fue el acontecimiento que aportó novedades de mayor interés, en la línea tradicional de las Exposiciones Universales, que desde el principio, siempre han sido un escaparate de los mayores avances técnicos.

MADRID'92. CAPITAL CULTURAL EUROPEA

La Capitalidad Cultural Europea es un tipo de evento que no suele despertar particulares entusiasmos. En el caso de Madrid'92 creo que puede hablarse de un serio fracaso, tanto en su vertiente turística como comercial. Se juntaron todo tipo de errores de gestión en especial en la mala definición de los objetivos y lo poco atractivo de la oferta. A ello hemos de añadir la fuerte competencia de los otros dos eventos. Si bien los Juegos se celebraron entre el 25 de julio y el 9 de agosto de 1992, sólo dos semanas, en cambio la Expo abarcó un período de casi seis meses, entre el 20 de abril y el 12 de octubre. Por ello la atención tanto de los españoles como de los turistas se centró de forma muy especial en este acontecimiento, con lo que la Capitalidad Cultural de Madrid quedó totalmente eclipsada.

Por otra parte este tipo de eventos son más propicios a arreglar una ciudad que a promover grandes iniciativas. En realidad la única construcción que podemos relacionar claramente con el año 92 es la estación de Atocha, obra de Rafael Moneo y que en realidad está más ligada a la construcción del AVE a Sevilla, que a ningún evento madrileño. Tampoco se aprecia una especial intervención de los arquitectos madrileños en el resto de los acontecimientos del año. La arquitectura madrileña siguió su evolución natural. Naturalmente se realizaron diversas intervenciones de importancia, pero no mayores de las que cabría esperar en un año normal. Podemos citar algunas que podemos considerar notables. Así en 1988 se concluye la Torre Picasso de Minoru Yamasaki que presenta la particularidad de que, con sus 157 m de altura, era en ese momento el edificio más alto construido de hormigón armado. También la ampliación del Congreso de los Diputados de María Rubert de Ventón, Oriol Clos y Josep Parcerisa o el Complejo Puerta de Toledo de Juan Navarro Baldeweg. Son obras notables, pero que carecen de relación con el hecho comentado.

No es de extrañar que en este contexto haya poco que citar en cuanto a innovaciones tecnológicas reseñables. La estación de Atocha es un conjunto de edificaciones singular, pero que no presenta grandes novedades técnicas. La estructura es un simple entramado de cerchas, las placas nervadas que rematan los pilares son de cuidado

1. Cúpulas de la Estación de Atocha

diseño, pero convencionales y el intercambiador se cubre por una cúpula que no supone ningún hito tecnológico. Naturalmente en este caso, como en los que seguirán, hablaremos de los aspectos tecnológicos, sin entrar en valorar sus indiscutibles méritos arquitectónicos. Curiosamente la principal novedad se observa en las cúpulas vaídas que cubren el aparcamiento, formadas por chapa de aluminio con unos refuerzos nervados. Es una solución interesante, aunque tampoco supone una gran novedad.

BARCELONA'92. XXV JUEGOS OLÍMPICOS

Aunque es frecuente hablar de Olimpiada de Barcelona, en realidad lo que se celebró fueron los XXV Juegos Olímpicos de Verano de la Era Moderna. Una olimpiada es el período de tiempo comprendido entre dos Juegos Olímpicos, siguiendo el modelo griego, que es la referencia evidente. Sea cual sea el nombre que le asignemos, lo cierto es que fue un gran éxito de organización y de promoción de la ciudad, que todavía rinde sus frutos 25 años después.

Probablemente el hito esencial fue una operación urbanística de gran importancia que se denominó «Abrir Barcelona al mar». En este proceso se amplió la ciudad incorporando unos terrenos ocupados en su mayoría por industrias obsoletas y se ganaron unos 6 km de playa con un importante uso posterior a nivel turístico.

En general el diseño de la mayoría de las inversiones olímpicas ha permitido un uso posterior bastante sensato, lejos de las ruinas urbanas que muchas veces dejan detrás estos eventos. Probablemente es uno de los mejores ejemplos, desde luego muy superior al de la Expo'92, que luego se comentará. Dos son los ejemplos más interesantes: en el caso de la Villa Olímpica se ha reutilizado como viviendas, creando un barrio que, pese a algunas disfunciones, sigue habitado con un razonable éxito y también han sido reutilizadas las construcciones olímpicas de carácter deportivo, manteniendo su función original. Son especialmente notables los ejemplos de Palau Sant Jordi y el Puerto Olímpico. En otros casos, que corresponden a disciplinas olímpicas minoritarias, su uso posterior ha sido más restringido, pero en todo caso se siguen utilizando en su mayoría.

Como es normal en los Juegos Olímpicos, la arquitectura y el urbanismo fueron protagonistas en Barcelona. Se ejecutó un extraordinario conjunto de infraestructuras, que supuso una remodelación completa de una importante zona urbana. También es de destacar la buena calidad arquitectónica de los edificios, con algunos hitos importantes y una impronta que marcó en buena manera el devenir posterior de la arquitectura barcelonesa.

Sin embargo y desde el punto de vista tecnológico, no se plantean elementos particularmente novedosos, salvo el Palau Sant Jordi o

2. Estadio Olímpico de Montjuic

3. Piscinas Picornell

las torres de comunicaciones. Son notables dos intervenciones de rehabilitación, como son el Estadio Olímpico de Montjuic o las Piscinas Picornell, transformadas en Piscinas Olímpicas, pero no aportan novedades tecnológicas dignas de mención.

El estadio original según proyecto de Pere Domènech i Roura, fue inaugurado en 1929 por el rey Alfonso XIII. Formaba parte de las edificaciones de la Exposición Internacional de Barcelona. Fue reconstruido entre 1985 y 1989, dejando únicamente la fachada original por los arquitectos Correa, Milà, Margarit y Buxadé con la colaboración de Vittorio Gregotti. Es una intervención muy funcional y honesta, pero su elemento más destacado es una marquesina sobre la tribuna completamente convencional.

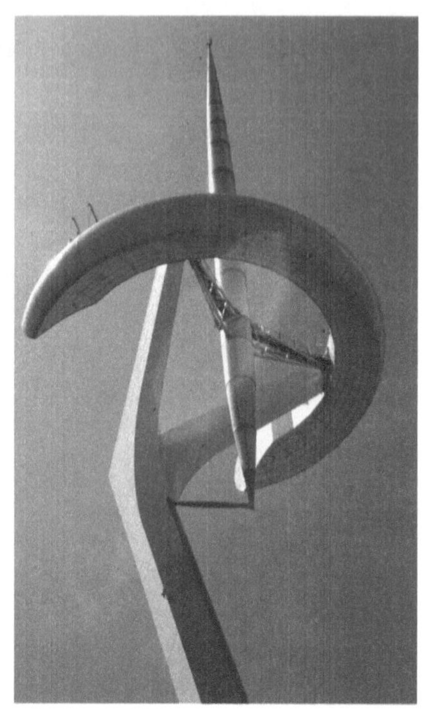

4. Torre de Montjuic. A. Vista general; B. Detalle

Las Piscinas Picornell son igualmente una remodelación. El proyecto original es de los arquitectos Antoni Lozoya y Joan Ricard en 1969. En 1990 se realizó una remodelación total de las piscinas proyectada por Franc Fernández y Moisés Gallego. Además de distintas mejoras técnicas en el acondicionamiento de los vasos de piscina a las distintas disciplinas olímpicas se proyectó la cubierta de la piscina de entrenamiento. Es una obra interesante, pero igualmente convencional con grandes cerchas al exterior que en alguna medida recuerdan el concepto estructural de la cubierta del Crown Hall de Mies, aunque en este caso lo hacen sobre pórticos inclinados. Es un edificio digno de ser mencionado, pero no presenta grandes innovaciones técnicas.

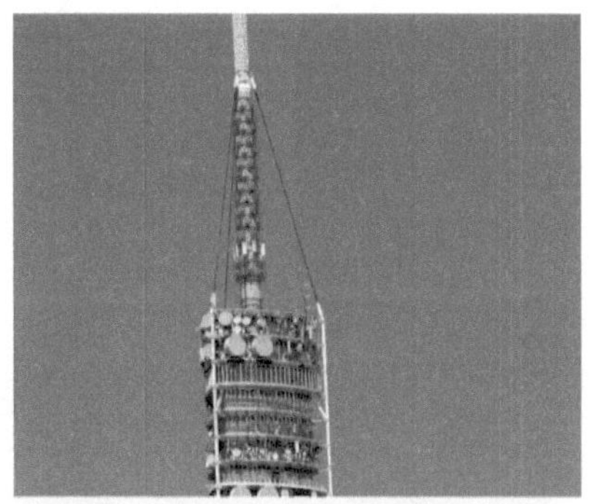

5. Torre de Collserola: A. Cables inferiores;
B. Cables superiores

Mucho más novedosas son las dos torres de comunicaciones, que parten de dos conceptos estructurales diametralmente opuestos. La Torre de Montjuic tiene una silueta en forma de S, que se aleja del concepto clásico de torre. Por el contrario la Torre de Collserola es vertical y atirantada, con un concepto de diseño en cierto modo convencional, aunque aporta importantes novedades.

La Torre de Montjuic es obra de Santiago Calatrava y fue construida entre 1989 y 1991. Tiene 136 m de altura y su forma especial parece representar a un atleta de la antigua Grecia en el momento de arrodillarse para recibir la corona de laurel. La estructura es de acero y hormigón y apoya sobre tres puntos. Alrededor del central se desa-

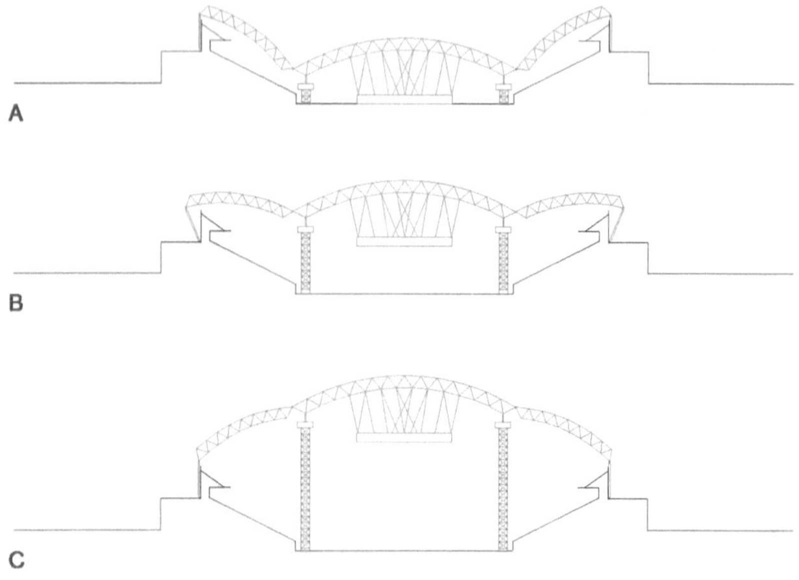

6. Esquema de izada en el Palau Sant Jordi

rrolla un edificio bajo para los servicios de telecomunicaciones, con una puerta de lamas metálicas móviles y articuladas, muy propias del autor. Alrededor de ese edificio hay una fuente con revestimiento de trencadís, en homenaje a Gaudí. A raíz de algunos problemas posteriores es notable señalar que la torre que comentamos no excedió su presupuesto y el revestimiento de trancadís permanece en su lugar.

El concepto estructural desarrollado es sin duda novedoso y espectacular. Se ha convertido en un hito urbano y una atracción turística. Pese a que su altura no es excesiva, su forma ha llevado casi al límite las posibilidades resistentes del material. También es muy interesante la forma de sujeción de la antena superior. Aunque es muy anecdótico, también podemos señalar que su cuidadosa orientación hace que pueda utilizarse como reloj de sol, si bien no es su utilidad principal.

7. Maqueta del sistema Pantadome en el Palau Sant Jordi

La Torre de Collserola es una torre de comunicaciones situada en el
Pico de la Vilana, un punto alto cerca de Barcelona para permitir los
enlaces audiovisuales de los Juego Olímpicos. Con posterioridad se
ha utilizado para los enlaces de toda la provincia, como punto central
de los mismos. Tiene una altura de 288,4 m y está formada por un
fuste de hormigón armado de 4,5 m de diámetro que sostiene un conjunto de antenas en su parte superior. En el centro y suspendido del
mástil se encuentra un edificio de 13 plantas con distintos servicios.
Incluso dispone en la planta 10 de salas de reunión para empresas
donde pueden celebrarse comidas y un amplio mirador.

Desde el punto de vista estructural sin duda lo más notable son los
conjuntos de cuelgue y sujeción de la torre. El edificio tiene forma
de triángulo de lados curvos en los que cada vértice está sostenido
por una ménsula que arranca del fuste central. Además tiene una
estructura exterior de acero inoxidable que sirve de apoyo a numerosas antenas y el conjunto está colgado de la parte superior del mástil

8. Cubierta del Palau Sant Jordi en la fase final de izado

por medio de un conjunto de tres cables de kevlar, para no interferir las comunicaciones. Los vértices inferiores del edificio se arriostran con tres cables de acero en cada uno.

El proyecto de la torre es de Norman Foster con una muy notable intervención de los ingenieros Martínez Calzón y Julià Vilardell. En conjunto aporta muy interesantes novedades en su diseño estructural que normalmente no se resaltan lo suficiente. En cambio suele citarse un aspecto que en mi opinión es poco relevante, como es su altura. Con sus casi 300 m es en el momento actual la estructura más alta de España, pero está muy lejos de los 646 m de la Torre de la Radio de Varsovia, que hasta su colapso fue la torre atirantada de mayor altura.

El Palau Sant Jordi fue diseñado por el arquitecto japonés Arata Isozaki con la contribución esencial en los aspectos estructurales del ingeniero Mamoru Kawaguchi, una de las grandes figuras en este terreno. En realidad la estructura se convirtió en el factor dominante, hasta el punto de condicionar tanto la ejecución de la obra, como el resultado final.

El diseño básico de Isozaki era una cúpula central sobre la pista apoyada sobre otra cúpula anular sobre las gradas. Ambas tienen planta trapezoidal con un solo plano de simetría. La especial ligereza de la que se quería dotar a la cubierta, llevó desde el principio a pensar en una malla espacial. Es una solución lógica y en esa época ya estaba ampliamente desarrollada, por lo que en principio no presentaba dificultades especiales.

Sin embargo las mallas espaciales tienen un problema que Kawaguchi conocía perfectamente por su participación en la Expo de Osaka, donde Kenzo Tange y su maestro Tsuboi habían realizado la gran cubierta de la Plaza del Sol de colosales dimensiones 291x108 m. La construcción de semejante estructura en su posición final hubiera precisado una obra auxiliar de gran coste y hubiera supuesto un grave riesgo para los operarios. El sistema utilizado fue el Lift Slab, que consiste en construir la estructura a nivel de suelo y luego izarla con gatos a su posición final. Es un sistema simple y razonablemente económico, pero no exento de riesgos, como lo prueba el grave siniestro de L'Ambiance Plaza un edificio de apartamentos en Bridgeport, Connecticut (USA). Con esos precedentes Kawaguchi diseñó el sistema Pantadome, que permitía la construcción por izado en condiciones más seguras que el Lift Slab.

En sus primeras versiones el sistema Pantadome resolvía bóvedas cilíndricas y cúpulas esféricas que se dividían en gajos o sectores con unas articulaciones entre ellos. Esto permitía construir la mayor parte de las mallas a muy escasa altura y con poco riesgo y luego se izaba por medio de gatos o torres de izada hasta su posición final. En esa posición los sectores o los gajos se acercaban de forma tal que permitía su soldadura o atornillado. La estructura quedaba estabilizada y podían retirarse los elementos de izado.

Sin embargo el Palau Sant Jordi tenía una planta poco regular que llevaba al límite las posibilidades del sistema. Sin embargo sus ventajas en tiempo y seguridad eran tan evidentes, que se decidió llevarlo a cabo.

La parte central de la cúpula se construyó sobre la pista central a escasa altura y por métodos convencionales. De hecho se aprovechó esa circunstancia para colocar las placas de cubierta y colgar la estructura destinada a sostener los elementos auxiliares típicos de estos recintos: marcadores, focos, cámaras de televisión, etc. Una vez construida la zona central se construyeron los gajos que se muestran en la maqueta de la figura que se construyeron en taller y se colocaron sobre las gradas laterales por medio de grúas. La situación en ese momento era la señalada en la figura A. también se instalaron las primeras secciones de las torres de izada.

Para permitir el desplazamiento lateral de los sectores cuando se levanta la estructura es necesario que los pilares extremos tengan una doble articulación, en cabeza y en la base. La estructura se izó sobre un conjunto de 12 torres de izada a las que se les iban añadiendo tramos a medida que aumentaba la altura. En la posición intermedia se produce el máximo desplazamiento lateral de los pilares extremos, que es la situación que se señala en la figura B.

Una vez rebasada esta posición los pilares van recuperando la verticalidad y los gajos se van acercando. En este caso al llegar a la posición final los gajos se unen y los tubos que los limitan pueden ser soldados (figura C).

El proceso de izado fue un gran espectáculo al que fuimos invitados la mayor parte de los especialistas en el tema, sin duda como parte de la propaganda. En todo caso fue sumamente interesante y un ejemplo de una técnica muy novedosa, que sin embargo ha tenido pocas aplicaciones posteriores, pese a su indudable interés.

Otro aspecto interesante los constituye el propio proceso de fabricación de la malla. Se trató de un proceso de CAD-CAM, es decir diseño asistido por ordenador y fabricación también asistida por ordenador. Ahora es una técnica habitual, pero en el 90 estaba en sus inicios. Básicamente consistía en exportar los datos de cada nudo y barra tras su cálculo en ordenador, tanto geométricos como de sección, para que un ordenador fabricara automáticamente las barras y

9. Palau Sant Jordi. A. Pilares de apoyo con doble articulación; B. Esquina antes de cerrarse los gajos

los nudos. El proceso fue un completo éxito y según nos informaron en la propia obra el porcentaje de elementos desechados no llegó al 3%, que es un valor muy aceptable y mucho más para la época. Incluso se previó la colocación de 130 nudos desde los que se pueden colgar cargas, dentro de unos límites prefijados. A tal efecto tienen una perforación roscada que permite aplicar esas cargas, generalmente elementos auxiliares, como focos o similares.

En las figuras se puede ver el estado de la cubierta en la fase final del izado, los pilares con doble articulación que permiten el movimiento de la cubierta y un detalle de la esquina con los gajos a punto de unirse y las torres de izado.

SEVILLA '92. EXPOSICIÓN UNIVERSAL

Al igual que en Barcelona, la Expo'92 constituyó un gran éxito de organización y de promoción de la ciudad. De los tres eventos fue el que concitó un mayor número de visitas, aunque su repercusión mediática fue inferior a la de Barcelona. Fue una Exposición Universal, es decir de primera categoría, que, con motivo del quinto centenario de Descubrimiento de América, puso el énfasis en los Descubrimientos de todo tipo, por lo que casi todos los países pudieron mostrar cosas de interés.

Desde el punto de vista de su importancia para la ciudad no cabe duda que fue muy grande. En primer lugar y para acondicionar el lugar de ubicación se realizó una operación urbanística importante y que había sido ampliamente demandada, la Corta de la Cartuja, ya planteada desde 1956 como consecuencia de las inundaciones que periódicamente sufría Sevilla. Fueron de gran importancia las de 1947 y 1961. También tuvo gran importancia la mejora de las comunicaciones con la puesta en servicio del primer AVE español y el desdoblamiento de la N-IV.

La ciudad entera se volcó en el acontecimiento que supuso una inyección económica de primera magnitud. En general fue un éxito sobre todo por la enorme motivación de los participantes. Hubo como es lógico algunos fallos de contenido en la exhibición: Exceso de películas, grandes colas, etc. pero que no empañan el resultado final. Sin embargo la digestión fue compleja y hubo en general un mal aprovechamiento de los resultados, salvo en comunicaciones.

Como es habitual en las Exposiciones Universales, la arquitectura y el urbanismo fueron protagonistas. Es una tradición que generalmente acompaña a estas exhibiciones en la que todos los países desean presentar lo mejor, más espectacular y más novedoso. La historia de las Expos está jalonada de edificios que supusieron hitos arquitectónicos, como el Palacio de Cristal, la Galería de las Máquinas, la Torre Eiffel, las mallas espaciales de Montreal y en especial el Pabellón USA de Fuller, las estructuras neumáticas y la gran cubierta de la Plaza del Sol de Osaka, etc. Cada Expo suele presentar como tarjeta de visita las novedades arquitectónicas y estructurales que puedan resultar más espectaculares y normalmente los países compiten en el diseño de sus pabellones.

En el caso de la Expo'92 junto a pabellones de gran interés, espectacularidad y en ocasiones gran belleza arquitectónica, otros destacaron por lo contrario. Algunos como los de Sudáfrica o Israel eran poco más que una tienda de campaña, mientras que otros en los que la inversión fue considerable, el resultado fue malo. Entre ellos destacaba el Pabellón del Vaticano del que se podría decir parafraseando a Guareschi que «no se podía concebir algo más negro, ni más clerical». Por el contrario pabellones como los de Japón de Tadao Ando, el de Chile de Germán del Sol y José Cruz, el del Reino Unido de Grimshaw, el de Finlandia, que se comentará y otros que sería largo enumerar recibieron elogios prácticamente unánimes. Un caso curioso fue el Pabellón de China que unía a una completa vulgaridad arquitectónica una excelente colección de los grandes inventos chinos, una de las mejores que se expusieron en la Expo.

Desde el punto de vista de este artículo la Expo'92 produjo una serie importante de novedades tecnológicas muy notables, de las que no todas están relacionadas con la edificación. Fue extraordinario el conjunto de infraestructuras, algunas sumamente novedosas para la época como la fibra óptica. También fue notable el conjunto de puentes realizados, a los que se dedicará un apartado específico. En cuanto a la edificación lo más destacable fueron las estructuras textiles de las que se construyeron algunas realmente espectaculares, las construcciones dedicadas a la climatización, muy necesaria en el verano sevillano y algunas realizaciones en estructuras transformables como los pabellones de Venezuela y Kuwait. También algunas edificaciones institucionales como el Auditorio o el Pabellón del Futuro. En lo que sigue analizaremos las características de estos edificios, elegidos por sus características tecnológicas, dejando para otros trabajos algunos otros pabellones que pueden ser incluso más destacables arquitectónicamente.

10. Los puentes. A. Puente de la Cartuja; B. Puente del Alamillo

LOS PUENTES

La especial situación de la Isla de la Cartuja exigía la construcción de varios puentes que permitieran su acceso. Contando desde el centro de la ciudad se construyeron el Puente de Chapina, el de la Cartuja, el de la Barqueta y el del Alamillo. Son todos ellos obras notables que intentaron marcar un hito y de los que comentaremos brevemente los dos que hemos considerado más interesantes.

El Puente de la Cartuja era inicialmente una pasarela peatonal, pero fue construida con capacidad de tráfico rodado. Es un diseño de Leon-

hardt de gran esbeltez y elegancia, muy elogiado, en especial por los
técnicos. En cambio el público en general valoró el Puente del Alamillo
de Santiago Calatrava, muy espectacular por el mástil inclinado que
sirve de contrapeso al sistema de cables. No es una estructura óptima,
pero en cambio destaca poderosamente en el entorno. En realidad se
proyectó como un puente doble, lo que habría aumentado su presencia, pero sólo llegó a construirse uno de los tramos. El otro se resolvió
con un puente completamente anodino que no merece ninguna reseña.

LAS ESTRUCTURAS TEXTILES

Posiblemente las realizaciones más notables en cuanto a un mayor
alarde estructural fueron las estructuras textiles. En Sevilla hay
desde antiguo una larga tradición en cubrir las calles con toldos
diversos para protegerse del sol y esta idea se trasladó al recinto
de la Cartuja con unas proporciones mucho mayores. Las mayores
estructuras fueron las construidas como puertas, la estación del
AVE, el centro de reunión, que se llamó El Palenque y las cubiertas
de la Avenida de Europa. También algunas actuaciones puntuales,
como la gran cubierta lenticular hinchada del Pabellón de Alemania.

En la subjetiva opinión del autor, la más interesante de todas estas
realizaciones fue la Puerta Itálica, llamada «La Peineta» por su forma
característica. El proyecto fue de uno de los mejores especialistas,
Harold Muhlberger, que de una forma u otra participó en la mayoría de
las estructuras textiles. En esta puerta el conjunto cuelga de dos órde-
nes de 7 mástiles de diferente altura que le dan su forma característica, con un cable de relinga central, que permite tensar el conjunto.

La Puerta de la Barqueta fue igualmente diseñada por Harold Muhlberger. Era una estructura de gran tamaño que cubría 6200 m² con
135 metros de longitud por 70 de ancho. El conjunto colgaba de
dos mástiles en celosía que arrancaban de un punto y que estaban
arriostrados por un conjunto de cables y el textil se fijaba a dos enor-
mes arcos tubulares de acero con curvaturas opuestas. La altura de
los mástiles era de 55 metros. El conjunto era sin duda espectacular,

11. Estructuras textiles. A. Puerta de
Itálica; B. Puerta de la Barqueta;
C. El Palenque; D. Avenida de Europa

12. Estructuras bioclimáticas. A. Esfera bioclimática; B. Pérgolas

pero carecía de la limpieza de diseño de la Puerta de Itálica. En la figura 11 se observa en fase de construcción que permite apreciar mejor el concepto estructural.

El Palenque era la zona de reunión y de desahogo de la Expo, cuando se producía alguna aglomeración excesiva en alguno de los pabellones. Estaba formado por 25 módulos de 13x25 m² compuestos de dos superficies textiles con forma de hiperboloides, que colgaban de unos puntos altos definidos por unos mástiles. Además de sombra se definió un innovador sistema de riego discontinuo que permitió reducir la temperatura hasta unos 30° con temperaturas exteriores de hasta 45°. El diseño fue de J.M. Prada Poole, con asesoramiento de la estructura de cubierta de Harold Muhlberger.

Además de estas grandes estructuras textiles se proyectaron otras, sin duda interesantes, pero más convencionales. Como ejemplo podemos citar la cubierta de la Avenida de Europa, formada por una red de cables con elementos textiles entre ellos.

LAS ESTRUCTURAS BIOCLIMÁTICAS

La gran preocupación por las altas temperaturas del verano sevillano hicieron que se esmeraran lo diseños bioclimáticos. Ya hemos citado el caso del riego de la cubierta del Palenque. Hubo también otras dos propuestas de interés: La Esfera Bioclimática proyectada por Ramón Velázquez que disponía de un sistema de tubos que inyectaba agua micropulverizada en el ambiente o las Pérgolas, diseñadas por Félix Escrig que con un sistema modular muy ingenioso formaban una cubierta de malla espacial sobre la que se colocó unas macetas con vegetación que permitían un ambiente de sombra sobre las zonas de paso.

LAS ESTRUCTURAS TRANSFORMABLES

Las estructuras transformables, sin ser el elemento central de las innovaciones de la Expo, tuvieron sin embargo presencia, tanto en la construcción de los pabellones de Venezuela y Kuwait como en el contenido del Pabellón de Murcia, en el que se expusieron las maquetas de Pérez Piñero, el gran pionero de estas estructuras.

El Pabellón de Venezuela fue diseñado por Henrique Hernández Merchán que en 1987 había leído su tesis doctoral sobre estructuras desplegables en el MIT, dirigida por Zalewski. Esta es su primera propuesta arquitectónica en este tipo de estructuras.

La idea básica del diseño consistía en realizar una estructura de aluminio, puesto que era una material del que Venezuela era un gran productor. Además debía ser transportable, puesto que se quería fabricar y montar en Venezuela la mayor parte, por razones de menor coste y luego trasportarlo en barco hasta Sevilla. Para conseguir estos objetivos se diseñó una estructura en forma de ángulo diedro, formada por dos conjuntos de cerchas articuladas entre sí en forma de fuelle, que podían trasportarse plegadas. Al llegar a la obra se desplegaban con una grúa, se colocaban in situ y se fijaban a los apoyos.

El pabellón de Kuwait fue diseñado por Santiago Calatrava y era una estructura formada por dos series de arcos, que podían rotar alrededor de un eje horizontal como una serie de dedos que se entrelazaban. Es un tema que luego Calatrava ha desarrollado en obras de mayor envergadura.

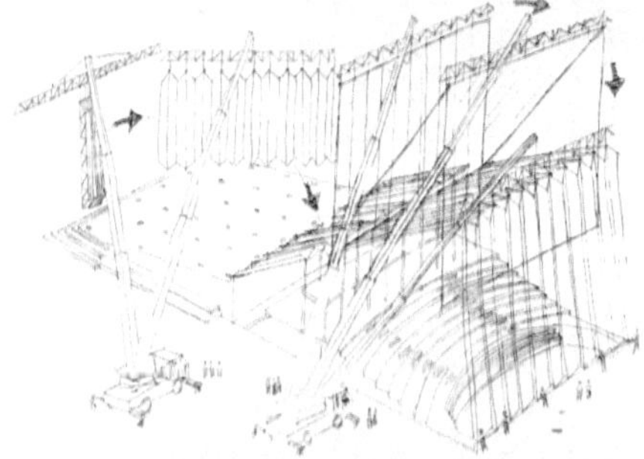

13. Pabellón de Venezuela. A. Vista exterior; B. Sistema de construcción; C. Despliegue de la malla; D. Detalle de las articulaciones de bisagra

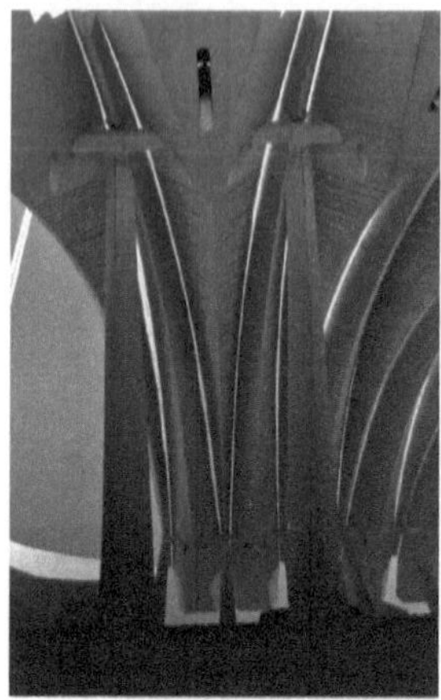

14. Pabellón de Kuwait. A. Vista exterior; B. Detalle arcos

PABELLONES INSTITUCIONALES: AUDITORIO Y PABELLÓN DEL FUTURO

Los pabellones institucionales permitieron la realización de propuestas de gran interés arquitectónico. Sin embargo nos vamos a centrar sólo en dos de ellas: El Auditorio y el Pabellón del futuro.

El auditorio fue proyectado por Eleuterio Población Knappe y es una estructura bastante convencional. El motivo de citarla es un error muy curioso que debe servir de lección para el futuro. Se diseñó una estructura isostática para lo que se construyeron vigas de tipo Gerber, es decir con articulaciones internas. El problema es que las dilataciones térmicas hacen que la estructura se deforme de forma tal que es casi imposible que el perfil de la viga será recto, como se puede observar en la figura.

El Pabellón del Futuro es un edificio muy complejo estructuralmente, proyectado por Martorell, Bohigas, Macklay y Peter Rice. El conjunto englobaba cuatro pabellones bajo una cubierta única: Medio Ambiente, Telecomunicaciones, Energía y Universo. La cubierta está

15. Auditorio

16. Pabellón del futuro. A. Vista exterior; B. Detalle

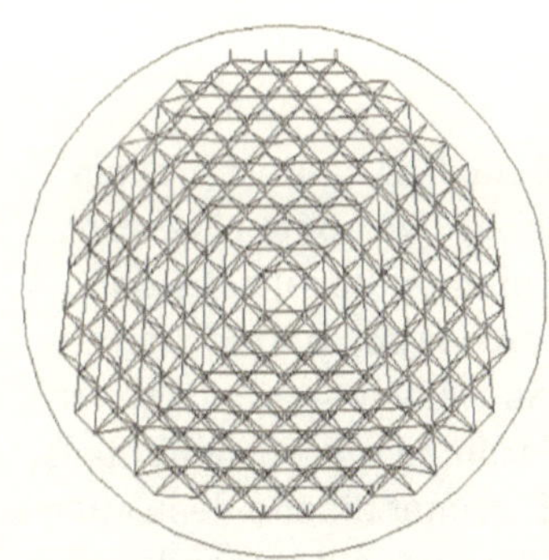

17. World Trade Center Sevilla. A. Diseño original de la cubierta; B. Cubierta construida

formada por unas vigas de celosía en forma de S que apoyan sobre
una pared exterior muy esbelta formada por dovelas de piedra que
están comprimidas por el peso trasmitido por las vigas por medio de
un sistema de cables. El conjunto es sin duda espectacular y ha tenido un muy buen comportamiento, por lo que sigue en uso.

EVOLUCIÓN POSTERIOR

Como se ha comentado, la evolución posterior ha sido muy distinta
en las distintas sedes. En general las infraestructuras han permane-
cido operativas, mientras que las edificaciones se han mantenido en
un razonable uso en Barcelona, en tanto que en Sevilla muchas han
sido desmanteladas, como estaba previsto, otras permanecen en un
estado casi siempre lamentable.

Quiero terminar este artículo con dos reflexiones que a mi juicio pueden sintetizar el resumen de estos eventos. Una «Lo que pudo ser y
no fue» que nos señala las ocasiones perdidas y otra «Lo que fue y ya
no es» que pretende ser una reflexión de lo que supone querer prolongar las cosas fuera de su evolución natural. La primera la perso-
nalizo en la cubierta del World Trade Center Sevilla y la segunda en
el Pabellón de Finlandia.

LO QUE PUDO SER Y NO FUE

El World Trade Center Sevilla es un edificio de gran calidad proyectado por Antonio Vázquez de Castro y se construyó como el centro
de negocios de la Expo. Posteriormente ha mantenido su actividad
con el nombre de Edificio Expo. Está formado por dos partes diferenciadas, una inferior que contiene las oficinas, salas y servicios y otra
que es una gran cubierta sobre una zona ajardinada. Precisamente la
cubierta es el objeto de nuestra reflexión. El primer diseño de la misma
planteaba una cubierta formada por una estructura autotensada, en la
línea de las realizaciones de Geiger en los Juegos Olímpicos de Seúl.

18. Pabellón de Finlandia. A. Vista exterior en 1992; B. Estado actual

Sin duda hubiera sido una cubierta realmente espectacular y una buena ocasión de desarrollo de esta tipología estructural.

Sin embargo las presiones de la empresa constructora forzaron a otro diseño más «sensato». La cúpula fue sustituida por una pirámide de cerchas metálicas, sin duda diseñada con el buen gusto de su autor, pero completamente anodina. El resultado es bueno, pero desde luego muy lejos del valor que hubiera podido adquirir. Es sin duda una ocasión perdida, que muy difícilmente podrá repetirse.

LO QUE FUE Y YA NO ES

El espectacular éxito de la Expo'92 llevó a una natural tendencia a intentar prolongar su efecto, ignorando que un Expo es siempre un acontecimiento efímero. Tal vez el ejemplo más lamentable de esa tendencia haya sido el parque temático «Isla Mágica» que ha aprovechado algunas de las instalaciones. Sin embargo creemos que el ejemplo más adecuado es el del Pabellón de Finlandia.

Este pabellón fue diseñado por un grupo de estudiantes de arquitectura, Jaaskelainen, Sanaksenaho, Rouhiainen, Kaakko y Tirkkonen, que posteriormente apenas han tenido actividad reconocida. El edificio estaba formado por dos bloques, uno paralelepipédico revestido de acero u otro de superficies curvas revestido de madera. El edificio es de gran belleza y además su exposición, algo limitada pero de muy buen gusto, lo convirtieron en uno de los edificios mejor valorados. Hasta tal punto que al final de la Expo el colegio de arquitectos, con esa fina visión práctica que nos caracteriza, lo alquiló para convertirlo en aula de estudios.

Pero el edificio estaba pensado para ser desmontado tras la exposición. Los intentos bien intencionados de insuflarle una vida artificial, únicamente han servido para prolongar su decadencia. Hoy en día sigue siendo un edificio muy hermoso, pero el acero está oxidado y la madera en un estado lamentable. En términos arquitectónicos recuerda la escena final del *El crepúsculo de los dioses*.

BIBLIOGRAFÍA

Julio MARTÍNEZ CALZÓN: «El Palau Sant Jordi en Barcelona», en *Revista de Obras Públicas*, n° 3313, 1992, 11-35.

Jacob FELD y Kenneth L. CARPER: *Construction Failure* (second ed.) (New York: John Wiley & Sons, 1997), 311-315.

Carlos Henrique HERNÁNDEZ MERCHÁN: *Deployable structures* (Cambridge: Massachusetts Institute of Technology, 1987). Disponible en: http://hdl.handle.net/1721.1/14970

José León VELA: *La arquitectura del 92: Pabellones internacionales* (Sevilla: E.T.S. de Arquitectura de Sevilla, 1991).

Raúl RISPA, César ALONSO DE LOS RÍOS y María José AGUAZA (eds.), Sociedad Estatal para la Exposición Universal de 1992: *Expo'92 Sevilla: Arquitectura y diseño* (Milán: Electa, 1992).

LA PEQUEÑA ESCALA EN LA ESPAÑA DEL 92

Antonio S. Río Vázquez

Antonio S. Río Vázquez es doctor arquitecto, profesor en la Escuela Técnica Superior de Arquitectura de A Coruña y miembro del Grupo de Investigación en Historia de la Arquitectura IALA

Durante la noche del 25 de julio de 1992 un instante quedó grabado en las retinas de los televidentes que seguían la ceremonia de apertura de los XXV Juegos Olímpicos: el jugador de baloncesto Juan Antonio San Epifanio —último relevista de la antorcha—, tendió la llama al arquero paraolímpico Antonio Rebollo Liñán, quien prendió su flecha y la envió con un certero lanzamiento hacia el pebetero del estadio, encendiendo una viva llama que se alzó en la noche barcelonesa y en el recuerdo de los espectadores.

Una imagen para la memoria, un símbolo. Así evocamos ese momento tan singular de la España de 1992. Un momento que, a pesar de su brevedad y condición efímera, se trata de una de las escenografías mejor diseñadas de aquel *Spanish Year*, dónde todos los movimientos, los agentes y los tiempos estaban perfectamente ideados y proyectados, pensados como si entre todos se estuviera construyendo una gran obra cuyo fin último fuera emocionar, pervivir, ser recordada en el futuro.

La España de 1992 fue una extraordinaria obra colectiva que quiso materializarse en celebraciones, arquitecturas e infraestructuras de gran escala, pero también resultó excepcional en lo pequeño, en aquellos detalles propios de la escala mínima, desde el grafismo —que marcaría un hito en la historia del diseño español— hasta los objetos, imágenes y escenografías. Revisar hoy esa pequeña escala y ponerla en la relación con el resto del territorio de la arquitectura nos permite entender mejor su valor y significado propio y universal.

LA NUEVA IMAGEN DE ESPAÑA

1992 supone un punto de inflexión en la historia del diseño español, especialmente en el campo del diseño gráfico. Las tres grandes celebraciones: Juegos Olímpicos en Barcelona, Exposición Universal en Sevilla y Capitalidad Cultural Europea en Madrid estuvieron acompañadas de unas imágenes particulares y diferenciadas con la intención de proyectar, sobre todo a nivel internacional, la idea de progreso y modernidad que debía acompañar a estos eventos. En

1. Ceremonia de inauguración de los Juegos Olímpicos de Barcelona 92

conjunto, a pesar de plantearse con autores y características muy diversas,[1] contribuyeron a generar una nueva imagen de España como país renovado, democrático y audaz que quería brillar con luz propia en Europa y en el mundo.

A los tres acontecimientos principales debemos sumar también otra conmemoración que se planteó de una manera más descentralizada aunque muy vinculada a la Expo sevillana: se trata de las actuaciones destinadas a conmemorar el V Centenario del Descubrimiento de América, tanto la llegada de los españoles en 1492 al continente

[1] No olvidemos que la España de 1992 no fue una operación diseñada de manera conjunta, menos todavía a nivel gráfico y, posiblemente, la independencia y libertad en las propuestas motivaron la calidad alcanzada.

2. José María Cruz Novillo: Símbolo del V Centenario

americano como la importancia de este hecho en la historia universal.
Para este evento se contó con un logotipo diseñado —casi diez años
antes— por José María Cruz Novillo (Cuenca, 1936).

En 1983, la Comisión Nacional del V Centenario aprobó la propuesta
de Novillo presidida por la Corona española como impulsora de la
expedición, situando por debajo el mundo conocido y el mundo por
descubrir expresados mediante los ceros de los quinientos años
transcurridos, que aparecían unidos por los meridianos y paralelos.
En las páginas de *ABC*, el autor explicaba que el logotipo carecía
de toda intención ideológica: «Me he basado en una idea elemental,
simple y puramente visual, con la que procuraré convivir durante
estos nueve años próximos, y técnicamente he pretendido que fuera
objeto de reproducciones gráficas que permitan su estampación
mediante grabados en plancha y cualquier otro medio».[2] Luis Yáñez,
presidente de la Comisión indicaba en el mismo medio que no se
había efectuado un concurso público para elegir al autor y que el Instituto de Cooperación Iberoamericana había invitado a una serie de

[2] Blanca Barasátegui: «Acuerdos de la Comisión Nacional del V Centenario», en *ABC*, 8
de julio de 1983, 39.

3. Carlos Rolando: Logotipo de la Expo'92

creadores —sin mencionar sus nombres— entre los cuales la creación de Cruz Novillo había sido elegida por unanimidad, sumando este logotipo a su amplia y reconocida trayectoria en diversos ámbitos del arte y el diseño, que le llevaría a recibir el Premio Nacional de Diseño en 1997 y la Medalla de Oro al Mérito en las Bellas Artes en 2011, entre otros galardones.

SEVILLA Y MADRID, ENTRE CINCO SIGLOS

El globo terráqueo, aunque con una expresión diferente, también estuvo presente en la identidad visual de la Exposición Universal de Sevilla, resultante de un concurso restringido ganado por otro de los nombres clave del diseño gráfico contemporáneo: Carlos Rolando (Rosario, Argentina, 1933 - Barcelona, 2005), afincado en España desde 1967 y Premio Nacional de Diseño en 2006. Frente a la idea de Cruz Novillo, donde el signo tenía todo el protagonismo y el texto «1492-1992 Quinto Centenario» aparecía como un acompañante ocasional, con una tipografía clásica y discreta que simplemente lo subrayaba, sin interferir, Rolando opta por un diseño potente que combina una tipografía moderna, negrita y sin remates, con una esfera roja ceñida por

4. Roberto Turégano: Símbolo de Madrid Capital Europea de la Cultura

una malla amarilla, que se convertía en la O de Expo'92 en la versión completa y se quedaba como elemento reconocible junto al '92 en la versión reducida. El lema de la exposición universal fue «la era de los descubrimientos» y el logotipo pretendía reflejar cómo, a partir de 1492, la humanidad adquirió consciencia en poco tiempo de la redondez del planeta y empezó a tejer líneas de viajes, intercambios, comunicaciones... hasta generar una red cada vez más tupida. El manual de la identidad gráfica de la Expo explicaba que, según el tamaño al que se representara el logotipo, la densidad de la malla y el grosor de las líneas variarían para lograr su adecuada legibilidad.

Con ocasión de la concesión del Premio Nacional de Diseño, Carlos Rolando recordaba las dificultades a las que se había enfrentado en ese proyecto: «Al tratarse de un acto oficial no fue sencillo. Nos encomendaron toda la identidad corporativa y sus colaterales y lo más complicado fue elaborar una marca que permaneciera viva durante un cierto tiempo, ya que la imagen comenzó a gestarse seis años antes de que comenzara la exposición de Sevilla. Además, buscar una imagen que no pasara de moda era tan importante como elegir los soportes adecuados para su difusión. Por ejemplo, todas las latas de Coca-Cola del mundo llevarían el logotipo de la Expo'92 en pequeño formato, pero también estaría presente en las banderas y hasta en la bola del mundo de cien metros de diámetro que colocamos en el suelo el día de la inauguración».[3] En efecto, el diseño propuesto enseguida se hará también tridimensional, pasando a convertirse en uno de los elementos más representativos del recinto expositivo.

Madrid Capital Europea de la Cultura contó con un símbolo diseñado por Roberto Turégano (Cuenca, 1947), construido sobre las letras originales que Luca Pacioli y Durero trazaron hace cinco siglos. La imagen que transmiten estas tipografías, que forman parte del patrimonio de la humanidad, se asocia de manera inequívoca a los conceptos de Europa y de Cultura, en coincidencia con los aspectos fundamentales de la propia celebración. El año 1992 se situó en la parte superior del símbolo para destacar la coincidencia con el resto de acontecimientos que ocurrían ese año en España.

La justificación de esta propuesta quedó recogida en un dossier editado por el Consorcio para la Organización de la Capitalidad Cultural: «La fuerza visual y la inmediatez perceptiva del punto en que se enmarcan estos elementos colaboran a la rapidez de implantación del símbolo. El concepto de *Capitalidad* queda recogido en dicho punto con su grafía más común. La rígida formalización del conjunto se ve finalmente liberada con un gesto de enfatización que actualiza gráficamente el símbolo con un trazo dinamizador».[4]

Frente a una propuesta que emplea la historia como base y motivo, nos encontramos con la imagen gráfica de Barcelona 92, que introduce una visión de vanguardia, contando con un logotipo que se convirtió en un hito del diseño español contemporáneo, quedando grabado en el recuerdo de manera inmediata, como la flecha ardiendo de la ceremonia.

[3] «Una palabra vale más que mil imágenes». Entrevista a Carlos Rolando, 8 de agosto de 2006. Disponible en http://www.cantabriaeconomica.com/index.php?envio=noticia&idno ticia=2015.

[4] Roberto Turégano: *El Símbolo* (Madrid: Consorcio para la Organización de Madrid Capital Europea de la Cultura, 1992).

5. Carlos Rolando y América Sánchez: Logotipos de la Candidatura Olímpica de Barcelona realizados. Debajo, el símbolo de los Juegos Olímpicos

LA VANGUARDIA DE BARCELONA

Desde principios de los años ochenta se había gestado la idea de que la ciudad fuese de nuevo candidata a unos Juegos Olímpicos —ya lo había sido en 1924, 1936 y 1940—, pero no es hasta 1984 cuando se crean el Consejo Rector de la Candidatura y la Oficina Olímpica del Ayuntamiento y el proyecto adquiere más fuerza. Ese año se convocó un concurso para definir la imagen de la candidatura. De entre las diferentes propuestas quedaron dos finalistas: Carlos Rolando, el autor del logotipo de la Expo'92, que presentó el nombre de la ciudad y el año rodeados por cinco flechas curvas que evocaban los anillos olímpicos y América Sánchez (Buenos Aires, 1939, Premio Nacional de Diseño en 1992), que resultó ganador del concurso.

Sánchez optó por cinco elipses entrelazadas, situadas encima de una forma curva plateada, que representaba el horizonte de la ciudad y su perfil marítimo, sobre la que colocó el texto «Barcelona'92». Hay que tener en cuenta que Barcelona todavía no había sido seleccionada como sede oficial y, por tanto, no podía utilizar los cinco anillos del emblema olímpico que pertenecen al Comité Olímpico Internacional y éste solo permite su empleo a los comités olímpicos nacionales y a las sedes olímpicas oficiales. Bautizado popularmente como «el palillo», tuvo una buena acogida por la población barcelonesa y se empleó en las distintas actividades y publicaciones de la candidatura, así como en todo tipo de objetos de recuerdo.[5]

El 17 de octubre de 1986, en la ciudad de Lausana, y dentro del marco de la 91ª sesión del Comité Olímpico Internacional, Barcelona fue elegida como ciudad organizadora de los Juegos de 1992. Tras la elección se creó el COOB'92 (Comité Olímpico Organizador de Barcelona 1992) que, al año siguiente, convocó un nuevo concurso restringido para definir la imagen definitiva de las primeras olimpiadas celebradas en España. En él participaron seis diseñadores especializados en identidad corporativa e imagen global, la mayoría afincados en Barcelona: José María Cruz Novillo, Carlos Rolando, América Sánchez, Enric Satué, Josep Maria Trias e Yves Zimmerman, a los que el jurado dio unas breves pautas sobre lo que esperaban de la nueva imagen de los Juegos: «Nos pidieron que fuera mediterránea, abierta, y que se evitaran los localismos, que hubiera una aportación creativa, de diseño»,[6] recordaba el vencedor, Josep Maria Trias (Barcelona, 1948).

Aunque el diseño gráfico acompañó a los Juegos Olímpicos modernos prácticamente desde sus inicios,[7] no será hasta superado el ecuador del siglo XX cuando se le dedique una atención especial, más allá de la cartelería, definiendo una identidad completa aplicable a todos los elementos relacionados con el evento. México 1968 presentó, por primera vez, un programa integral de identidad olímpica, realizado a partir de la colaboración entre los arquitectos Eduardo Terrazas y Pedro Ramírez Vázquez y el diseñador gráfico Lance Wyman, mientras que Munich 72, bajo la dirección de Otl Aicher,

[5] Raquel Pelta: «La imagen gráfica de Barcelona'92 (I)», en *Monográfica.org. Revista temática de diseño*, diciembre de 2012. Disponible en http://www.monografica.org/05/Artículo/9032.

[6] José Manuel Abad Liñán: Entrevista a Josep María Trias. Edición digital de *El País*, 5 de agosto de 2016. Disponible en http://deportes.elpais.com/deportes/2016/08/04/actualidad/1470331500_860924.html.

[7] *Vid.* Igor Uriarte: «Repasamos la historia de los logos de los Juegos Olímpicos», en *Brandemia*, 14 de diciembre de 2011. Disponible en http://www.brandemia.org/repasamos-la-historia-de-los-logos-de-los-juegos-olimpicos.

6. Logotipos de Juegos Olímpicos: México 68 (Lance Wyman) y Munich 72 (Otl Aicher)

supuso la estructuración de todo el programa gráfico bajo los principios del Estilo Tipográfico Internacional.

Sobre su propuesta, Trias escribió: «Una de las premisas básicas del
proceso proyectual fue la necesidad de diferenciarse de las imágenes
características de las anteriores ediciones de los Juegos Olímpicos
o de las candidaturas. Esta consideración no surgió tanto de unas
exigencias de originalidad del diseño, como de la constatación de
que el símbolo no podía estar realizado con un vocabulario técnico,
geométrico o tecnológico. Ni Barcelona, ni tampoco Catalunya o
España pueden 'vender' una imagen tecnologista. Es innegable que
internacionalmente Barcelona se asocia a Picasso, Miró, Dalí, Gaudí
o Tàpies; esta evidencia conducía a la necesidad de definir un lenguaje más humano, más cálido, más artístico, más creativo, más personal, en suma, más coherente con los valores comunicativos que era
preciso transmitir».[8]

También recordaba como la primera versión del logo nació sin una
gota de color: «El primer logo de Barcelona que dibujé era en blanco
y negro. Yo aprendí de un maestro que los logotipos antes de darlos
por terminados hay que dibujarlos siempre así. Cuando tienes fijado
el símbolo, es cuando puedes incorporar el cromatismo, que añade

[8] Josep María Trias: «Diseño y logotipo de los Juegos Olímpicos de Barcelona'92» en
*Jocs Olímpics, comunicació i intercanvis culturals: l'experiència dels últims quatre Jocs
Olímpics d'estiu* (Barcelona, Centre d'Estudis Olímpics i de l'Esport, 1991), 187-191.

7. Josep María Trias: Logotipo de los Juegos Olímpicos de
Barcelona 92

otra capa de significado. El color lo que hace es fijar en un contexto
determinado lo que ya dice el símbolo».[9]

El trazo rápido y los vivos colores nos pueden recordar a otro de los
hitos del diseño gráfico español: el sol realizado por Joan Miró para
promocionar la oferta turística de España en el extranjero casi diez
años antes, aunque esta influencia era cuestionada por Trias: «¿Qué
habrían pensado si hubiera presentado un logotipo solo rojo, o solo
azul? Los colores, y más en aquella época, estaban muy marcados

[9] José Manuel Abad, *op. cit.*

políticamente. [...] Más que a Miró, yo diría que mis trazos se parecían a los dibujos de Picasso para el Col·legi de Arquitectes de Barcelona». Son esos trazos inesperados, propios de un croquis de servilleta, que pueden ser la génesis de cualquier proyecto.

En el símbolo se busca el carácter universal propio del evento con la síntesis de una figura humana en actitud dinámica, que salta, corre o baila. También la actitud de brazos abiertos, de la hospitalidad internacional. Por primera vez en la historia de los Juegos Olímpicos modernos se usaría un logo con figura antropomórfica y, para contrastar con la vanguardia del símbolo, una vuelta a los orígenes con el empleo de una tipografía romana, la Times Demi Bold, europea, latina y mediterránea.

Con esas propuestas individualizadas, España construyó su imagen conjunta en el 92. Los logotipos de Cruz Novillo, Rolando, Turégano y Trias llenaron las celebraciones particulares pero estuvieron presentes en la percepción colectiva de españoles y extranjeros, constituyendo, sin duda alguna, una puesta de largo del diseño gráfico español, de esa pequeña escala donde con muy poco —a veces con unos sencillos trazos— se puede construir algo muy grande.

LA PEQUEÑA ESCALA COMO PROYECTO

En el libro *Dimensiones de la arquitectura*, Charles Moore y Gerald Allen, señalan que mientras «la realización formal tiene que ver con el significado de las cosas individuales, la escala tiene que ver con su tamaño físico, y por lo tanto con su importancia y significado en relación con otras cosas».[10] La pequeña escala, entendida como territorio disciplinar y, por lo tanto, como proyecto de arquitectura desde el Movimiento Moderno hace del diseño elemental un tema central de trabajo. Se obtuvo de ese modo un diseño gráfico, prácticamente intangible: tipografías, símbolos, logotipos, cartelería...

[10] Charles Moore y Gerald Allen: *Dimensiones de la Arquitectura* (Barcelona: Gustavo Gili, 1978), 27.

8. Las mascotas. Curro (Heinz Edelmann)
y Cobi (Javier Mariscal)

al que primero De Stijl y luego la Bauhaus dedicaron esfuerzos personales y colectivos y más tarde, desde Suiza, se convirtió en paradigma como Estilo Tipográfico Internacional que, en lo inmaterial,
atiende igualmente a los problemas de estructura, de construcción,
de funcionalidad o de composición de las escalas superiores. Y, junto
al diseño gráfico, el diseño de objetos o el industrial, enriqueciendo
las posibilidades de esa pequeña gran escala, todas ellas presentes
en la España del 92.

La creación de concursos específicos para cada evento —e incluso
para distintas partes dentro de una misma celebración— condujo
a una concentración de esfuerzos por parte de los creadores que,
sumada a la decisión de estos de repartir protagonismos, como
recordaba Josep María Trias, motivó que se obtuvieran resultados tan
distintos y tan singulares. «Se me ocurrió que el propio símbolo del
logo, aprovechando que era humano, generase un personaje articulable —explicaba Trias— pero en Quod dijimos: 'Vamos a centramos en
el logo, y dejemos que Mariscal, Peret, Fernando Amat... hagan sus
cosas. Vayamos con la intención de repartir el protagonismo».

Así fueron gestándose otras de las creaciones más conocidas y populares de la España de 1992: las mascotas de la Exposición Universal y
de los Juegos Olímpicos. La primera surgió en marzo de 1989 como
fruto de un concurso internacional abierto ganado por Heinz Edelmann (Ústí nad Labem, Checoslovaquia, 1934 - Stuttgart, Alemania,

2009). Su nombre definitivo, Curro, estaba en la propuesta de Antonio Mingote, finalista del concurso. Curro es un extraño y simpático pájaro con patas de elefante, una gran cresta en forma de arco iris y un pico cónico con cinco colores haciendo referencia a los cinco continentes.

La mascota de los Juegos Olímpicos nació a partir de un concurso restringido de seis diseñadores, que presentaron hasta 16 propuestas. El jurado eligió tres finalistas: un perro y un sol ideados por Pere Torrent y el perro Cobi, creado por Mariscal (Valencia, 1950), que resultó vencedor. Su nombre está basado en las siglas del COOB. El jurado profesional valoró su informalidad, su carácter rompedor y la capacidad de aplicar formas vanguardistas a un producto de consumo popular. «Cuando vi a Cobi —recordaba Trias— me pareció sobre todo que rompía con lo que se había hecho hasta el momento. Junto a mi logotipo, estábamos ante un par de propuestas gráficas que iban a identificar a Barcelona de manera muy rupturista».[11]

Dentro del apartado visual podemos destacar también la colección de la inauguración de las instalaciones olímpicas realizada por Pilar Villuendas y Josep Ramón Gómez, donde la arquitectura es la auténtica protagonista, en vistas generales o detalles particulares de cada caso. De modo similar, la Expo'92 contó con Javier Romero para los carteles del programa de espectáculos, empleando estilizadas representaciones de los edificios donde tenían lugar.

Pero el diseño en la España del 92 no se limitó al aparato gráfico. Junto a los diseñadores de las identidades visuales, logotipos, carteles o mascotas, encontramos a otros autores que se ocupan del diseño de objetos, algunos tan significativos como la antorcha olímpica, un encargo directo a André Ricard.

André Ricard Sala (Barcelona 1929) —Premio Nacional de Diseño en 1987— es uno de los pioneros del diseño industrial en España. De formación autodidacta, comenzó a trabajar a finales de los años cincuenta, produciendo un importante número de objetos que hoy son piezas de referencia en la historia del diseño. Además de poder elaborar el dossier de la candidatura olímpica de Barcelona, la antorcha fue,

[11] José Manuel Abad, *op. cit.*

9. Pilar Villuendas: Carteles de la inauguración de las instalaciones olímpicas

en cierta manera, un homenaje de la ciudad a uno de sus creadores más importantes y reconocidos internacionalmente. Para Ricard, «la antorcha es el mensajero de los juegos» y, por lo tanto, debía ser un diseño muy simbólico, más allá de lo estrictamente funcional. Tenía que ser un ejemplo de lo que pretendía Barcelona y mantener además «ese carácter sacro dentro de la liturgia olímpica que los organizadores y el comité olímpico consideran que tiene la llama olímpica, que viene a ser como el espíritu olímpico que llega, un poco una custodia que trasladaba el fuego olímpico desde Grecia hasta Barcelona».[12] Ricard también se ocupó, un año después de los Juegos de Barcelona, del pebetero permanente que se encuentra instalado en Lausana, en el museo del Comité Olímpico Internacional.

[12] André Ricard: «La Antorcha Olímpica: una obra cumbre» Entrevista en vídeo publicada en http://www.memoro.org/es-es/La-Antorcha-Ol%C3%ADmpica-una-obra-cumbre_976.html.

ARQUITECTURA EFÍMERA DE PIEZAS PEQUEÑAS

Las sucesivas exposiciones universales celebradas desde mediados del siglo diecinueve sirvieron de escenario idóneo para la comunión entre pequeña y gran escala. Esto se hizo especialmente evidente a partir de la Exposición Universal de 1958 en Bruselas, con el paradigma del pabellón español proyectado por José Antonio Corrales y Ramón Vázquez Molezún con la colaboración de un excelente equipo de profesionales que participaron en el diseño del mobiliario y el montaje expositivo: el conocido como «grupo de Bretón de los Herreros», por la ubicación de sus estudios en torno a esa calle madrileña. El propio pabellón constituía un sorprendente ejercicio de llevar hasta el límite un elemento de pequeña escala —el famoso paraguas— articulando toda la espacialidad del conjunto.

Ejercicio también pionero de integración de las artes, el binomio arte-arquitectura contribuyó a generar la identidad del pabellón, desde el diseño gráfico hasta la presencia urbana. Los distintos autores, respetuosos y discretos, resolvieron los problemas desde una óptica común: artista-diseñador-arquitecto, poniendo en evidencia cómo, a través de mínimas intervenciones, de pequeñas piezas, se podía transformar toda la realidad.[13]

El éxito del pabellón español —logrado en todas las escalas del proyecto— y la integración con naturalidad y eficacia de las artes decorativas, repercutió de inmediato en la arquitectura española del momento, que no quería mantenerse ajena a los avances conseguidos. Si la década de los cincuenta había servido para demostrar la validez de la colaboración mano a mano entre artistas y arquitectos, la llegada de los sesenta sirvió para consolidar magistralmente ese proceso.

---

[13] *Vid*. Antonio S. Río Vázquez y Silvia Blanco Agüeira: «De piezas pequeñas hicieron arquitectura. Diseño e integración de las artes en los pabellones españoles de las Exposiciones Universales de 1958 y 1964», en José Manuel Pozo Municio *et al.* (coords.) *Las exposiciones de arquitectura y la arquitectura de las exposiciones. La arquitectura española y las exposiciones internacionales (1929-1975)* (Pamplona: E.T.S. de Arquitectura de la Universidad de Navarra, 2014) 367-374.

10. Corrales y Molezún: Pabellón de España en la Exposición Universal de Bruselas 58

Y, aunque desde ese fecundo momento nos hemos encontrado con numerosas y muy heterogéneas propuestas de pabellones expositivos, las exposiciones universales continuaron siendo un lugar de experimentación y muestra de las posibilidades del vínculo entre pequeña y gran escala, tanto en las propuestas materializadas como en las que se quedaron sobre el papel, como el proyecto de concurso

11. Robert Venturi y Denisse Scott Brown: Concurso para el pabellón de Estados Unidos en la Expo'92

para el pabellón de los Estados Unidos en la Expo'92 realizado por Robert Venturi y Denise Scott Brown: una bandera hecha edificio —o un edificio hecho bandera—.

El territorio de la arquitectura difumina así sus diferentes escalas: el detalle constructivo se vuelve elemento definidor del mobiliario urbano, las reconocibles formas primarias se presentan mínimas y monumentales o las pequeñas piezas repetidas configuran grandes arquitecturas paisaje, en un fenómeno que va más allá de las celebraciones efímeras, haciendo de lo minúsculo algo grandioso.

Las arquitecturas del 92, en sus múltiples escalas, sirvieron para dejar constancia del trabajo integrador y multidisciplinar. Políticos, ingenieros, arquitectos, diseñadores, artistas... entendieron que, aun

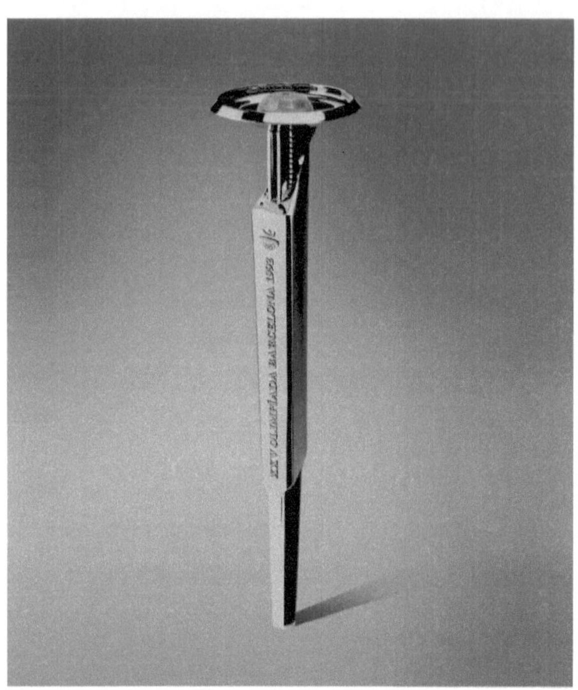

12. André Ricard: Antorcha olímpica de Barcelona 92

trabajando de modo individualizado estaban construyendo una obra conjunta, que veinticinco años después podemos recordar como un momento prácticamente irrepetible.

El 11 de septiembre de 1992, coincidiendo con los principales acontecimientos del *Spanish Year*, se puso en órbita el primer satélite de comunicación Hispasat, contribuyendo de manera decisiva a modernizar las comunicaciones tanto a nivel nacional como internacional. De nuevo, con una pequeña pieza de alta tecnología, cuidadosamente diseñada, se estaba proyectando España en el exterior y se estaba ayudando a tejer de modo definitivo la malla de ese mundo interconectado y accesible que hoy nos parece tan cotidiano.

LA ESCENOGRAFÍA PARA EL RECUERDO

Comenzábamos este capítulo recordando el encendido del pebetero en el Estadio Olímpico de Barcelona. Volvamos ahora a ese recuerdo, pero entendido como obra compartida, como suma de aportaciones generadas desde lo pequeño en diferentes momentos históricos. Tomando como escenario el Estadio Olímpico proyectado para la Exposición Internacional de 1929 por Domènech i Roura y renovado para el 92 por Correa, Milà, Margarit, Buxadé y Gregotti, fue Carles Riart el encargado de la puesta en escena: «Encontraba la ceremonia aburrida y se me ocurrió algo diferente, algo que nunca antes se había hecho».[14] Después de varios ensayos se escogió al arquero paralímpico Antonio Rebollo por la belleza de la parábola dibujada en el aire.[15] La llama olímpica llega en la antorcha concebida por Ricard y vuela junto a las estatuas clásicas de Pablo Gargallo hasta el pebetero diseñado por Ramón Bigas, un enorme vaso de dos por cuatro metros realizado en titanio «porque a 400º desprende un azul muy bonito como el Mediterráneo»,[16] mientras suena «The Flaming Arrow», compuesta para la ocasión por Angelo Badalamenti.

Son tan sólo unos pocos ejemplos de cómo esa escenografía para la memoria estuvo construida desde el detalle y el cuidado de lo mínimo, una sinécdoque perfecta de la España del 92 que queremos celebrar. Esa extraordinaria obra colectiva dónde lo pequeño se hizo muy grande.

[14] Isabel del Río: «Cuando el diseño participó en los Juegos Olímpicos de Barcelona'92» en *Monográfica.org. Revista temática de diseño*, febrero de 2013. Disponible en http://www.monografica.org/05/Artículo/9236.

[15] Ibíd.

[16] Ibíd.

1992 EN LA REVISTAS DE ARQUITECTURA

Eduardo Prieto

Eduardo Prieto González es doctor arquitecto, profesor en la Escuela Técnica Superior de Arquitectura de Madrid y redactor de las revistas *AV* y *Arquitectura Viva*.

Cualquier mirada retrospectiva es una mirada distorsionada. A la hora de abordar un año como 1992, la distorsión del tiempo se combina con la distorsión ideológica: vemos la Expo y los Juegos Olímpicos desde la perspectiva de quienes han pasado por una crisis profunda y pertinaz y, por fuerza, tendemos a pensar que tal vez esa crisis haya tenido que ver, de un modo u otro, con aquellos fastos. El riesgo cuando se trata este tema —aunque sea desde la discreta y aparentemente neutral perspectiva de las revistas de arquitectura— es que la memoria ya lejana del 92 pueda contaminarse con la memoria mucho más reciente de nuestros fracasos.

No fue, por supuesto, una sensación de fracaso o pesimismo la que alentó los eventos de 1992, sino lo contrario. Para constatarlo, basta con acudir, por ejemplo, a las portadas con las que *El País* celebró la inauguración de la Expo de Sevilla ('Un aluvión de 200.000 visitantes causa atascos el día de la inauguración de la Expo') y los Juegos Olímpicos de Barcelona ('El deporte olímpico clama por la paz en una emocionante inauguración de los Juegos'); dos portadas cuyos titulares a tres columnas se completaban con sendas volantas que enfatizaban la figura del Rey Juan Carlos, por entonces en la cima de su popularidad: 'Don Juan Carlos anima a «mostrar lo mejor de España» durante los seis meses de la muestra' y 'El Rey llama a la tolerancia y a la concordia en la apertura de los Juegos de Barcelona'. [figuras 1-2]

La misma tónica, entre optimista y eufórica, siguieron los titulares de otros diarios generalistas, y es imposible no sacar la conclusión de que lo que en realidad se celebraba en 1992 no fue el éxito de los eventos, sino la entrada simbólica de España en el conjunto de los países 'respetables': aquellos que merecían la confianza de las grandes organizaciones mundiales para organizar los eventos más importantes. En este sentido, aquel *annus mirabilis* fue una especie de corolario festivo de la entrada de España en la Comunidad Europea producida seis años antes y, en general, de la culminación exitosa del proceso de Transición que había experimentado España a lo largo de la década anterior (nótese que los fastos del 92 se celebraron apenas diez años después del intento de golpe de Estado del 23-F).

Todo este optimismo, justo y al cabo efímero, se contagió al resto de países occidentales: en su número del 16 de diciembre de 1991,

1. *El País*, 21 abril 1992

2. *El País*, 26 de julio 1992

3. *Newsweek*, 16 diciembre 1991

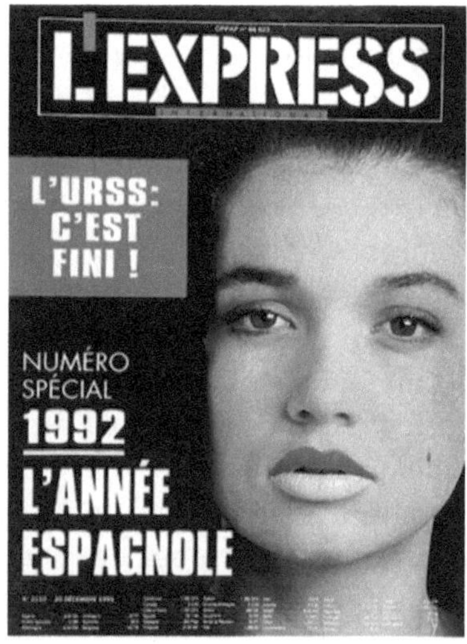

4. *L'Express*, 20 diciembre 1991

la revista neoyorquina *Newsweek* dio su portada a '1992: The Year
of Spain', mientras que la francesa *L'Express* hizo lo propio el 20 de
diciembre, dedicando un número especial a '1992: L'Année Espagnole'
(ambas portadas, por cierto, se ilustraban, respectivamente, con un
desenfadado dibujo con alusiones a las naranjas, la playa y el flamen-
co, y con una joven morena con los labios pintados de rojo y amarillo:
toda una evidencia de falta de ingenio periodístico). [figuras 3-4]

LAS REVISTAS DE ARQUITECTURA

Las revistas de arquitectura españolas cubrieron los eventos con igual
optimismo, aunque de modos disímiles que, pasado el tiempo, resultan
interesantes a la hora de entender cómo era el panorama del periodis-
mo de arquitectura en la España de aquellos años. Hacia 1990, se había
consolidado ya el modelo mixto al que había dado pie la espectacular
eclosión de revistas como *El Croquis* y *Arquitectura Viva/A&V*; un
modelo en el que ya no parecían tener ya cabida los proyectos 'de tendencia' basados en el mecenazgo —como había sido el caso de *Nueva
Forma*, primero, y *Arquitecturas Bis*, después—, y asimismo un modelo
en el que las publicaciones institucionales tradicionales, asociadas
a los colegios de arquitectos —*Arquitectura*, en Madrid; *Quaderns*, en
Barcelona—, debían aprender a convivir con la novedad y la pujanza
de las nuevas revistas, mucho más profesionalizadas.

Tanto *El Croquis* como *Arquitectura Viva* compartían la ambición
—hasta el momento inédita en España— de ser proyectos econó-
micamente rentables, ceñidos a la actualidad y tan desligados de
las revistas institucionales como de las de tendencia. Sin embargo,
ambas iban a seguir trayectorias distintas. Fundada en 1982, *El Croquis* abandonó relativamente pronto su condición original de revista
de registro en formato periódico para adoptar el modelo de mono-
grafía (en realidad, de libro) dedicado a autores y grupos de autores; creada en 1985, *A&V* —temática y más discursiva durante estos
años— se complementaría a partir de 1988 con *Arquitectura Viva*,
una revista literalmente de registro donde la atención a la actualidad

arquitectónica se complementaba con secciones fijas y más abiertas
desde el punto de vista disciplinar, dedicadas al arte y la cultura, la
tecnología o la opinión.

Esta diversidad de formatos y enfoques definió el modo en que
ambas publicaciones dieron cuenta de los eventos del 92. Interesada por la arquitectura de autor, *El Croquis* no cubrió los acontecimientos de 1992, salvo si tal puede considerarse el número doble
55-56 que, a pesar de publicar obras como el Pabellón de la Navegación de Guillermo Vázquez Consuegra, en realidad era una compilación de edificios dispares, presentados bajo una categoría que,
pasado el tiempo, suena cuando menos dudosa: la de la existencia,
más allá de lo puramente temporal, de una 'arquitectura española
de hacia 1990, y que estaría sometida a las dificultades y retos de
un país «donde la modernidad arquitectónica» estaba teniendo «un
cumplimiento tardío».

En este contexto, la perspectiva periodística de *A&V* y *Arquitectura
Viva* resultaba más adecuado para dar cumplida cuenta de los acontecimientos de 1992, cubriendo los autores y edificios pero también
las circunstancias políticas, sociales y económicas inevitables a la
hora de entender acontecimientos de la complejidad y el simbolismo
de la Expo y los Juegos Olímpicos de 1992. *A&V* dedicó un número
doble el (34-35) al evento de Sevilla y uno simple (el 37) a la Barcelona olímpica, mientras que *Arquitectura Viva* informó sobre el postExpo en su número 26 y sobre la capital catalana en el 25.

También detallada fue la atención que merecieron los dos acontecimientos fundamentales de 1992 en la revista institucional por entonces más influyente e intelectualmente atractiva, *Quaderns*, publicada
por el Colegio de Arquitectos de Cataluña y dirigida por Josep Lluís
Mateo. Sin embargo, el abordaje de los eventos fue en este caso muy
distinto: se sostuvo en un enfoque más académico y experimental
que se compadecía poco con la vocación de registro de revistas
como *Arquitectura Viva*. De ambas publicaciones y modelos daremos
cuenta en estas páginas.

SEVILLA EXPO, SEVILLA DESPUÉS

Para cuando la Expo abrió las puertas en abril de 1992, ya estaban en los quioscos los ejemplares del número doble 34-35 que, bajo el título previsible y eficaz de 'Sevilla Expo', *A&V* dedicaba al evento. La Expo no tendría un catálogo hasta finales de año, y esta gran oportunidad editorial no fue desaprovechada por la revista dirigida por Luis Fernández-Galiano que, con sus 172 páginas a todo color, y su tirada de 14.000 ejemplares (incluida la reimpresión de septiembre de ese mismo año) hizo las veces de catálogo oficioso de la muestra [figura 5]. Ahora bien, tal oportunidad editorial pasaba por publicar tanto los edificios como los espacios públicos de una exposición aún no inaugurada, y que había estado durante los años sometida a la espada de Damocles de los plazos y presupuestos. De ahí que el ambicioso número doble de *A&V* dependiera a la postre de un largo y trabajoso seguimiento periodístico llevado a cabo, sobre todo, por la que entonces era la redactora jefe de la revista, Adela García Herrera, y basado en la colaboración directa con organizadores, arquitectos y fotógrafos para poder ir agavillando un material de calidad susceptible de publicación.

Este material se acabó orquestando en seis secciones que daban cuenta de la condición a medias arquitectónica y a medias infraestructural de la muestra. La primera, 'Una ciudad, una isla', describía desde diferentes enfoques la gran operación urbanística de la Isla de la Cartuja: mientras que José Ignacio Wert —por entonces, Presidente de Demoscopia— ofrecía una visión sociológica basada en análisis y encuestas, Víctor Pérez Escolano relataba el origen y el desarrollo de dicha operación, Justo Isasi daba un paseo arquitectónica por el enclave, y la crítica e historiadora Marina Waisman delineaba una imagen de la Expo desde la óptica de América Latina, una región que los editores de la revista consideraban que «no había tenido toda la presencia deseable en un acontecimiento inspirado en el descubrimiento del Nuevo Continente». El resto de secciones presentaban 24 obras clasificándolas por temas diversos, que iban desde los 'argumentos de la Expo' (es decir, los pabellones temáticos) hasta los edificios de servicio, pasando por los invitados extranjeros, los pabellones en el lago o los espectáculos en directo.

5. *A&V* 34-35, marzo 1992

6. *Arquitectura Viva* 26, septiembre 1992

Muy reveladora en cuanto al modo en que se veía la muestra en el
momento de su inauguración fue la presenta del director de la revista,
cuyo aliterado título 'Sevilla: silicio y silicona' anticipaba una oposición retórica pero nada banal, sobre todo si se tienen en cuenta
los problemas que sufriría España en las dos décadas posteriores:
la oposición entre el modelo de California (el del silicio futurista) y
el de Florida (la silicona mediática), asociado el primero a la innovación tecnológica y el segundo al ocio y al turismo; una oposición
que, en el caso de Sevilla, apuntaba a los modos en que se acabaría
gestionando la Cartuja post-Expo (parque tecnológico y a la vez parque de atracciones). Luis Fernández-Galiano también señalaba el
hecho de que la conmemoración del descubrimiento de América se
hubiera «deshuesado de cualquier núcleo castizo» (poca presencia
de pabellones latinoamericanos, amén de alusiones 'vergonzantes',

por parcas, a la «dimensión hispánica y aun al idioma castellano»);
y continuaba haciendo un balance de la calidad de la arquitectura
de la muestra, donde la «sólida profesionalidad de los arquitectos
madrileños» (de Ayala a Vázquez de Castro, pasando por Carvajal),
la «elegancia insuperable de los sevillanos» (Vázquez Consuegra o
Cruz y Ortiz), la «pasión monumental de Moneo en el aeropuerto o de
Oíza en la Torre Triana», el «refinado diseño de los escandinavos» o
«la exacta ingeniería británica» convivían con una «actitud de resis-
tencia tradicional» que, más que en los resabios tradicionalistas de
la arquitectura de Oíza o Moneo, parecía expresarse en las obras,
por lo demás tan disímiles entre sí, de Tadao Ando o Imre Makove-
cz. Sin embargo, para Fernández-Galiano, los verdaderos símbolos
de la muestra eran quizá las dos obras de Santiago Calatrava en la
Expo —el Puente del Alamillo, falsamente tensado como un arpa, y
el ambiciosamente dinámico Pabellón de Kuwait—, en la medida en
que ambas expresaban las dos pulsiones fundamentales de la propia
Expo: la ambición de la escala y el esfuerzo en las infraestructuras y
comunicaciones.

Pese a aparecer apenas seis meses más tarde que el monográfico de
A&V, el número 26 de *Arquitectura Viva* —'Sevilla después'— tenía un
tono muy distinto [figura 6], y ya el sumario expresaba sin ambages la
mutación de expectativas que se había operado entre la inauguración
y la fase final de la muestra: era cierto que la Expo iba a cerrar sus
puertas habiendo cumplido sus previsiones, pero no lo era menos
que «las voces de alarma y los malos augurios amenazaban con aguar
el fin de fiesta». Unos apuntaban al gasto excesivo en el contexto de
una presagiada crisis económica; otros plantaban dudas sobre el futuro del modelo urbano y de gestión de la Isla de la Cartuja post-Expo; y
todos compartían, inevitablemente, el tipo de apatía que suele seguir
al clímax de los grandes eventos. En este contexto de incertidumbres,
Arquitectura Viva intentaba dar las claves del futuro de la Expo a través
de dos artículos: una diatriba contra el 'expopesimismo' (que Luis Fernández-Galiano concebía como la versión andaluza del expoeuropeís-
mo producido tras los referendos de Maastricht); y un balance de la
muestra a cargo de José Ramón Moreno, que hacía también las veces
de advertencia sobre los problemas de la futura Cartuja'93.

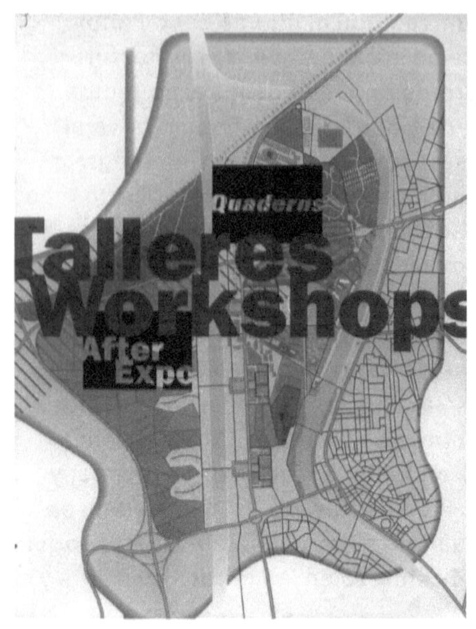

7. *Quaderns*, 'After Expo', 1993

8. *Quaderns*, 'After Expo', 1993, fotografía
de la expo tras el cierre de la muestra

Pese a su vocación de cubrir exhaustivamente la Expo, los números citados de *A&V* y *Arquitectura Viva* no recogieron en detalle los proyectos de transformación de la Isla de la Cartuja después de 1992. Fue *Quaderns* quien lo hizo en un número especial dedicado al concurso internacional de ideas convocado a tal efecto [figura 7], y que contaba con propuestas cuyo lenguaje era tan dispar como confusos eran aquellos años: desde el sueño rigorista y nómada de Ábalos Herreros hasta la imaginería deconstructivista de unos jovencísimos Alejandro Zaera y Farshid Moussavi, pasando por el esquematismo de otras propuestas tan radicales como inviables.

El volumen se acompañaba con una serie de textos que detallaban el plan Cartuja'93 (un plan que se basaba en la convivencia, un tanto surrealista, de un parque tecnológico y un parque de atracciones), y, por otro lado, de análisis a cargo de urbanistas como Joan Busquets y de algunos de los protagonistas del evento como José Antonio Fernández Ordóñez, donde se daban las claves de las grandes operaciones de infraestructuras que habían permitido que Sevilla se convirtiera en una metrópolis moderna. El número de *Quaderns* se completaba con varias fotografías poderosamente entrópicas donde se mostraban, en toda su crudeza, los espacios de la Expo desmantelados tras el cierre de la muestra, como si se quisiera sugerir el fracaso de la planificación a la hora de convertir este nuevo espacio sevillano en una parte verdadera de la ciudad [figura 8]. Era una intuición entrópica que anticipaba, con poesía, otras visiones aún más entrópicas que estaban por venir.

BARCELONA OLÍMPICA, BARCELONA TURÍSTICA

La misma revista *Quaderns* había dado cuenta de las grandes intervenciones de la Barcelona olímpica en dos números consecutivos ('Barcelona I' y 'Barcelona II') publicados casi dos años antes de la celebración del evento y cuyo rasgo distintivo era su enfoque urbanístico [figuras 9 y 10]. El primero de ellos recogía las transformaciones que venía experimentando la capital catalana desde mediados de los años 1980, delineando un mapa territorial que, lejos de limitarse a la

9. *Quaderns*, Barcelona I

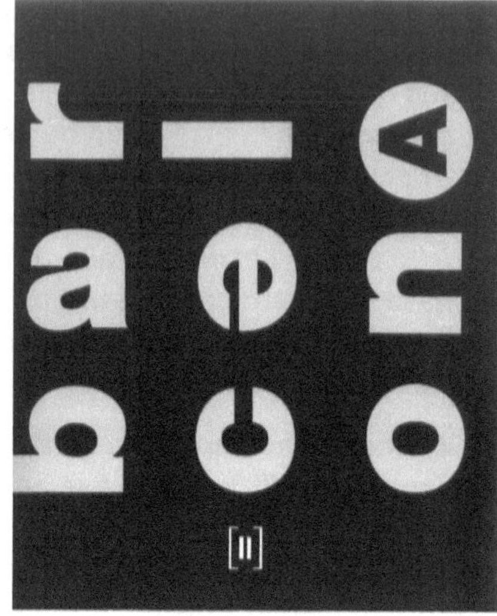

10. *Quaderns*, Barcelona II

Villa Olímpica, se extendía, como había querido Oriol Bohigas, a toda la ciudad, y que tenía varios nodos fundamentales: Llobregat, Litoral, Ciutat Vella, L'Eixample, Estribaciones, Muntanya y Besòs. Cada una de estas partes se presentaba a través de un breve texto de la mano de autores de la casa —Manuel Gausa, Jordi Bernadó, Josep Lluís Mateo, Eduard Bru o Xavier Vendrell—, pero también de firmas destacadas, entre ellas las de los por entonces prometedores Jacques Herzog, Pierre de Meuron o Willem Jan Neutelings.

Sin embargo, más allá de la calidad o del carácter evocativo de los textos —evocativo porque reflejaban una Barcelona industrial en vías de extinción—, en este número de *Quaderns* se dio buena parte del protagonismo a las fotografías, todas ellas a página completa y en un riguroso blanco y negro. Sus autores —John Davies, Gabriele Basilico, Joan Fontcuberta o Manolo Laguillo— reflejaban con una poesía de nuevo entrópica el mundo de los 'no-lugares' y los *terrains vagues*

11. *Quaderns*, Barcelona I, 'Llobregat', fotografía de John Davies

12. *Quaderns*, Barcelona I, fotografía de Manolo Laguillo

aún no teorizados por Marc Augé e Ignasi de Solà-Morales, pero que ya habían entrevisto veinte años antes Jane Jacobs y Robert Smithson. [figuras 11 y 12]

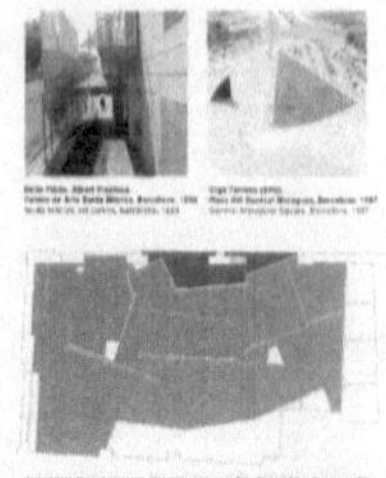

13. *Quaderns*, 'Barcelona 1990', Kenneth Frampton

Si 'Barcelona I' tenía un carácter más visual y pintoresco, 'Barcelona II' agavillaba las intervenciones de la Barcelona Olímpica en sus cuatro áreas oficiales (Montjuic, Val d'Hebron, Diagonal y Poblenou), para presentarlas a través de textos críticos de autores de peso: Solà-Morales intentaba dar las claves —sin mucho éxito, dicho sea de paso— del presunto 'estilo' compartido los arquitectos catalanes circa 1990; un tema que —también sin mucho éxito— Kenneth Frampton ensayaría a su manera en un texto titulado 'En busca de una línea lacónica' [figura 13]. Pasado el tiempo, resulta mucho más interesante una reflexión contenido al principio del número, en la que Pascual Maragall hacía balance de su gestión, reconociendo el papel protagonista que los arquitectos habían tenido en ella. El alcalde entendía los proyectos acometidos en la ciudad como una especie de inversiones keynesianas, y advertía que, por muy buenos que hubieran sido sus resultados, este proceso de gastos y mejoras concebidas a medio

14. *A&V* 37, septiembre 1992   15. *A&V* 37, septiembre 1992

plazo no debía pararse. Desde este punto de vista, la pregunta retórica que daba título al texto, '¿Qué haremos en el 93?', parecía tener una respuesta muy clara: «Para que las cosas mejoren, en el 93 habrá que hacer muchas cosas; además, tenemos recursos para hacerlas, a pesar del ritmo de inversión aparentemente insostenible. Es muy importante, 'Keinesianamente' [sic] hablando, que haya proyectos animadores y un pagador dispuesto a afrontarlos.» Nótese que este modelo del 'proyecto animador' más el 'pagador público' sería pronto exportado por Barcelona (aunque casi nunca con el mismo éxito) a otras ciudades españolas en busca de identidad.

El tratamiento de los Juegos Olímpicos por parte de la editorial Arquitectura Viva, muy distinto al de *Quaderns*, se materializó en dos números: el 37 de *A&V*, titulado 'Barcelona Olímpica' y editado en septiembre de 1992; y el 25 de *Arquitectura Viva*, 'En Barcelona', que había aparecido en julio, antes de la inauguración de los Juegos. 'Barcelona olímpica' [figuras 14 y 15] se organizó en tres partes de elocuentes títulos. Haciéndose eco de la famosa novela de Eduardo Mendoza publicada en 1986, la primera parte, 'La ciudad y sus prodigios', presentaba el proyecto olímpico como lo que realmente había sido —una excusa para cambiar radicalmente Barcelona—, y presentaba el proceso a través

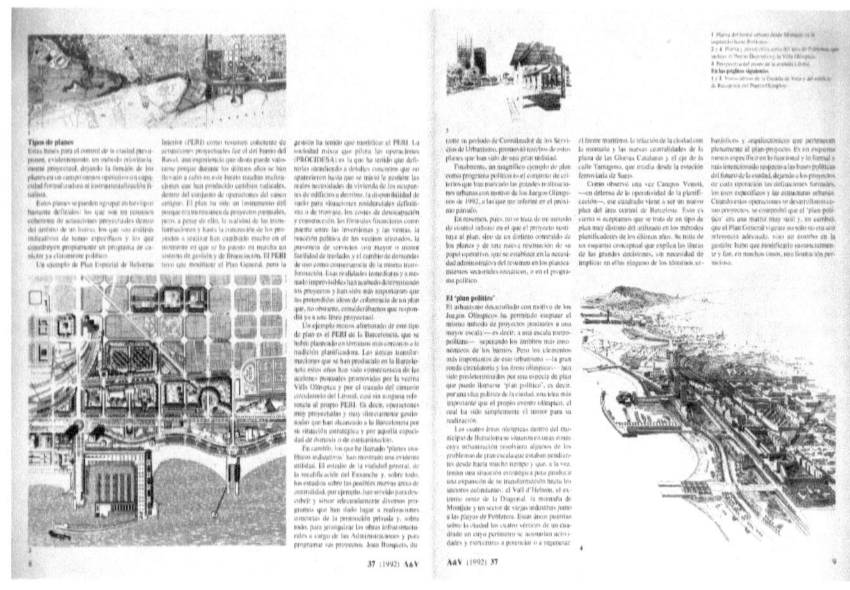

16. *A&V* 37, Oriol Bohigas, 'Una nueva Barcelona'

de cuatro artículos con enfoques diversos. Peter Buchanan, siempre parco a la hora de los elogios, se entregaba arrobado al modelo barcelonés, en el que veía la posibilidad de una 'modernidad con memoria' basada en la eficacia del 'diseño urbano'; Richard Ingersoll, no menos entregado a la causa, describía a modo de diario su encuentro con las nuevas arquitecturas de la ciudad; e Ignasi de Solà-Morales, bajando el tono, firmaba un documentado artículo sobre el «uso y el abuso de la ciudad histórica», desentrañando las referencias de diseño presentes en la Villa Olímpica: desde el urbanismo pintoresquista de Camilo Sitte hasta el modernidad mediterránea de José Luis Sert. Sin embargo, la parte del león de este bloque era el artículo [figura 16] del propiciador de la nueva Barcelona, Oriol Bohigas, gran cabeza y déspota ilustrado que había conseguido llevar a buen término sus ambiciones a través de una doble acción: 'higienizar el centro' y 'monumentalizar las periferias'.

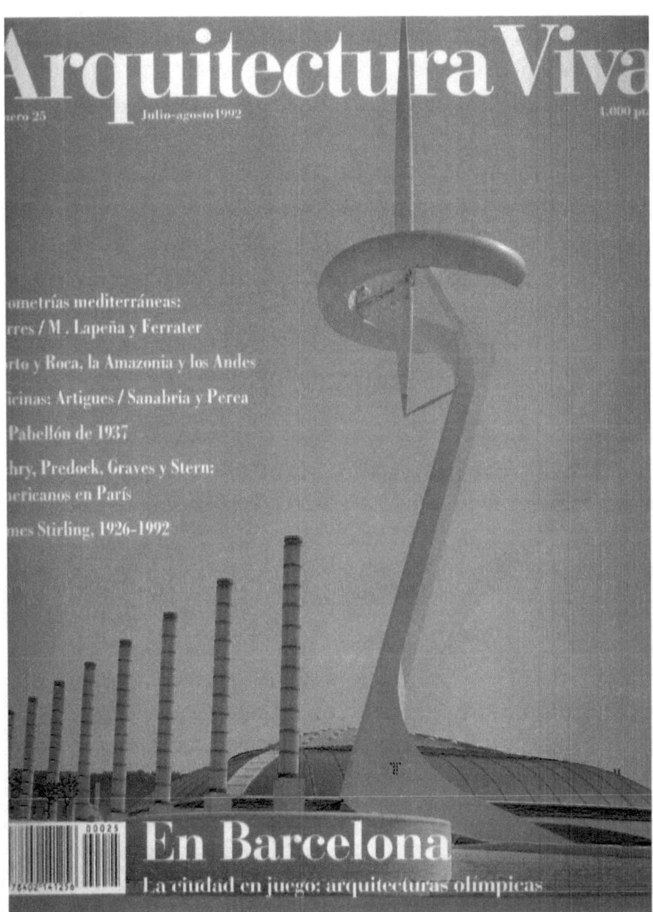

17. *Arquitectura Viva* 25, julio 1992

La segunda parte de 'Barcelona Olímpica' tenía por título 'Los hitos
de la villa', y era quizá la más previsible, por cuanto su función era
agavillar las obras más emblemáticas de los Juegos, desde el Puerto Olímpico de MBM hasta las pérgolas de la Avenida de Icaria de
Enric Miralles y Carme Pinós, pasando por el Centro Meteorológico

de Álvaro Siza o el inmenso 'pez' esculpido por Frank Gehry para la zona comercial del Hotel de las Artes. Este elenco se acompañaba, en la tercera parte titulada 'Manzanas y viviendas', con una selección de ocho proyectos residenciales construidos en el entorno de la Villa Olímpica por los arquitectos invitados por Bohigas: unos, discípulos, como Helio Piñón y Albert Viaplana o Martínez Lapeña y Elías Torres (nótese que algunos de ellos habían pasado, recién salidos de la Escuela, por la gestión en ayuntamientos); otros, afines pero no del todo entregados, como Clotet y Paricio u Óscar Tusquets; y, finalmente, arquitectos más independientes como Carlos Ferrater, por entonces más bien cuestionado en Barcelona.

El número de *Arquitectura Viva* dedicado al evento y titulado 'En Barcelona' [figura 17] apenas añadía algo de sustancia al anterior, como no fuera la visión más crítica del artículo de un barcelonés de pro, Manuel Vázquez Montalbán, donde el desafío olímpico se consideraba no sólo como la oportunidad para crear una nueva Barcelona saneada y atractiva, sino la excusa para llevar a cabo «una gigantesca operación especulativa». Si hubiera sido capaz de leer el futuro, Montalbán hubiera podido añadir a su dictamen la idea de que Barcelona'92 había sido también una gigantesca operación de lavado de imagen que permitió hacer, de un modo casi instantáneo, el penoso tránsito de lo que hasta ese momento había sido una ciudad industrial y mercantil a una metrópolis del turismo global. En este sentido, los miles de cruceristas que invaden todos los días las Ramblas o las partes más presentables del Raval no son sino el monstruo del sueño ilustrado de Bohigas y Maragall.

¿Y MADRID?

Oscurecida y acomplejada por los éxitos de Barcelona y Sevilla, Madrid se presentaba en 1992 como una «ciudad en horas bajas». Éste era, al menos, el término empleado por los editores de *Arquitectura Viva* al presentar en noviembre de 1992 (es decir, acabados ya los grandes eventos) su número dedicado a la capital española [figura 18].

18. *Arquitectura Viva* 27, noviembre 1992

El panorama allí dibujado no podía ser más desolador: «Este año hemos asistido a la transformación de Barcelona y Sevilla. La otra ciudad del 92 [por la Capitalidad Europea de la Cultura] ha visto, en cambio, cómo se acentuaban sus muchos problemas, que van desde la política de vivienda y la necesidad de un nuevo aeropuerto a la desproporción de grandes operaciones como la del Campo de las Naciones. Ni siquiera el éxito fugaz de algunos logros consigue hacerla brillar de nuevo. La mejor arquitectura madrileña se construye fuera de Madrid, y los únicos proyectos que despiertan expectación en esta ciudad crispada son las nuevas vías de circunvalación y los pasos subterráneos.»

Puede que tal pintura catastrofista se compadeciera con el sentir de los madrileños, o al menos con el de su *inteligentsia*. Con todo, al examinar este número de *Arquitectura Viva* se tiene la sensación de estar ante un desánimo no del todo justificado, y que se traducía en una oposición retórica eficaz pero tal vez exagerada: la planteada entre las virtudes de Barcelona o Sevilla y los deméritos de aquel Madrid recién salido de la Movida.

Se trataba de una retórica que estaba reforzada además por el tono de los tres artículos de la revista, comenzando por los títulos: 'Ciudad-campamento', 'Madrid a la baja' y 'La jungla de asfalto'. En el primero, Vicente Verdú, tirando de lugares comunes como la «apátrida condición de sus habitantes», el «emplazamiento en el suspenso en el vacío» o la «condición de paraje donde han detenido sucesivas oleadas de inmigrantes», dictaminaba que Madrid era una ciudad sin identidad, sin 'estilo', y añadía que, en el caso de que la tuviera, éste estaría asociada a conceptos (se sobrentiende que ominosos) como la desarticulación, la acumulación y la discordancia. En el segundo artículo, Justo Isasi denunciaba que las políticas de vivienda acometidas en la capital durante la década de 1980 había provocado la destrucción de los barrios privilegiados, elementos estructurantes de la ciudad, de manera que la clase alta había tenido que «aceptar la residencia suburbana como sustituto», con el indeseable resultado de que Madrid tendía cada vez más al modelo americano basado en la yuxtaposición del *downtown* y el *sprawl*. Finalmente, Richard Ingersoll, quizá todavía deslumbrado por lo que había visto en Sevilla y Barcelona, no encontraba en Madrid más que un «centro histórico anónimo y colapsado por el tráfico, con los bordes orlados de autopistas» y declaraba: «Espero no ofender a sus habitantes si digo, tal vez desde una óptica provinciana, que Madrid no se encuentra entre las ciudades más bonitas del mundo.»

El tono extremadamente crítico ni siquiera se suavizaba a la hora de dar cuenta de la llamada 'Operación Thyssen', a la que el habitualmente atinado Juan Antonio Ramírez trataba con sarcasmo en un artículo donde se decían cosas que el tiempo se encargaría pronto de desmentir.

Pero, por mucha crítica que se hiciera de la Capital, al cabo resultó incuestionable que la presunta falta de identidad madrileña, la presunta inadecuada gestión del planeamiento, el presunto contraproducente énfasis en las infraestructuras o incluso el presunto 'timo del Thyssen' fueron ingredientes de un modelo distinto al de los grandes eventos, basado en el goteo incesante de inversiones y concebido más a medio que a corto plazo: el mismo que en una década convertiría Madrid en una ciudad cada vez más atractiva para inversores y turistas, estructuraría su área metropolitana con impecables infraestructuras y haría de la capital una referencia cultural de primer orden.[1]

Con sus aciertos y sus fallos, las revistas de arquitectura supieron dar cuenta de unos eventos que, más allá del folclore y la anécdota, se pueden considerar, quizá, el momento álgido de nuestra democracia: un momento de esplendor que, sin embargo, estaba sostenido en las mismas actitudes y estrategias (los golpes de efecto, el modelo Guggenheim *in nuce*) que con el tiempo darían pie a nuestras más dolorosas derrotas.

[1] De hecho, la consecución de la colección Thyssen, esa 'guinda del 92', más que guinda fue en realidad una píldora difícil de tragar para otras ciudades de mayor lustre; debe decirse al respecto que la única referencia a España de las memorias de Margaret Thatcher es el reconocimiento amargo del fracaso de Londres en su pugna con Madrid por obtener dicha colección.

25 AÑOS DESPUÉS: PROYECCIÓN Y VIGENCIA DEL 92

Miguel Abelleira Doldán

Miguel Abelleira Doldán es doctor arquitecto, profesor en la Escuela Técnica Superior de Arquitectura de A Coruña y miembro del Grupo de Investigación en Historia de la Arquitectura IALA

La primera exigencia que tenemos que cumplir para desarrollar lo indicado en el título la tomaremos prestada del título que J.N. Durand utilizó en 1817 cuando escribió *Precis des Leçons d'Architecture*, uno de los libros cumbre del conocimiento arquitectónico a lo largo de la historia. Debemos precisar inicialmente que fue el 92 para seguidamente poder plantearnos su proyección posterior y su vigencia veinticinco años después. El procedimiento a seguir está tomado directamente de la deconstrucción,[1] que nos muestra que una realidad puede definirse con la exactitud de un solo significante pero su complejidad es tal que demanda para su entendimiento la realización del análisis de sus diversos significados en niveles o capas diferenciadas que se superponen entre sí. Ello implica la diferenciación de al menos dos niveles de significado. El primero, generalista y de carácter sociológico, lo desarrollaremos en esta introducción. El segundo, particular y meramente arquitectónico, constituye el objeto principal de este texto.

Con respecto al planteamiento sociológico del asunto, tenemos que considerar de nuevo dos ámbitos de reflexión. El primero tiene que ver con la percepción internacional de lo que supuso el 92 y el segundo con la percepción interna del mismo, no considerándose como una visión biunívoca sino como dos unívocas. El devenir de la consideración internacional sobre España desde la segunda mitad del siglo XX está indisolublemente unido a la variación de los sistemas políticos que hemos tenido: dictadura y democracia. Tras el cambio de régimen político, plasmado en las elecciones de 1977 y en la aprobación de la Constitución de 1978, el primer paso para la adquisición del atributo de homologabilidad con las democracias occidentales se dio con la firma el 12 de junio de 1985 del Acta de Adhesión de España a las Comunidades Europeas, paso previo al ingreso en enero de 1986 en la entonces Comunidad Económica Europea, hoy Unión Europea. Pero el país necesitaba no sólo una pertenencia de derecho sino también una aceptación de hecho. Ese fue el papel que jugó el 92 al demostrar que podía albergar simultáneamente tres acontecimientos tan dispares entre sí como una capitalidad cultural en Madrid, una Exposición Uni-

---

[1] Miguel Morey, «La deconstrucción», en *Foucault y Derrida. Pensamiento francés contemporáneo* (Barcelona: Batiscafo S.L., 2015), 91-94.

versal en Sevilla y unos Juegos Olímpicos en Barcelona. Así fue reconocido por la prensa internacional que llegó a calificar a 1992 como el año de España o el año español. Desde ese año no se nos discuten los calificativos vinculados a la democracia y a la europeidad. Por ello no es necesario otro 92 puesto que España se ha convertido en un país fiable para las instituciones europeas y mundiales.

Pero simultáneamente, en una mirada interna, el éxito del '92 tuvo un claro papel aglutinador de todo aquello que nos une y que generó un sentimiento de pertenencia a un colectivo que nadie negó en ese año. Ese sentimiento, que constituye uno de los fundamentos de cualquier nación, no se plantea como algo sobre lo que discutir en otros lugares, pero aquí a día de hoy todavía se le da una interpretación política nada neutral, por lo que apenas se manifiesta. En España ni siquiera apareció tras los trágicos atentados de Madrid de 2004 y sólo emergió durante muy poco tiempo tras la victoria de la selección de fútbol en el Mundial de 2010. La situación política actual, claramente influida por la coyuntura económica, no permite albergar demasiadas esperanzas en este sentido, aventurándose tiempos proclives a un planteamiento desagregador del conjunto del país. Para recuperarlo, puesto que no generó rechazo, sí sería necesario al menos otro 92.

En lo que al carácter meramente arquitectónico se refiere y de modo análogo al anterior, diferenciaremos también una doble visión. Con la primera, estática, entenderemos la arquitectura del '92 como punto de partida sobre el que establecer la segunda visión, dinámica, que analizará desde diferentes puntos de vista la evolución de la arquitectura en España hasta la actualidad. Inicialmente estudiaremos la aplicación de un modelo de intervención urbano considerado como válido, para seguidamente explicar las variaciones coyunturales en los ámbitos académico, profesional y económico que definieron el trabajo de los arquitectos en ese tiempo, para finalizar con las diferentes consideraciones que mereció desde las publicaciones especializadas, por un lado, y desde el reconocimiento internacional, por otro.

PUNTO DE PARTIDA: EL 92 COMO REFERENCIA

Durante el mes de junio de 1992, antes de que finalizase la Expo de Sevilla y se iniciasenLos Juegos Olímpicos de Barcelona, tuvo lugar en el Art Institute of Chicago (A.I.C.) una exposición que con el título 'Building in a New Spain' mostraba doce ejemplos construidos del panorama arquitectónico español del momento. Es sintomático, de acuerdo con la comentada visión que desde el exterior se tenía de España, el calificativo 'new' con que fue calificado nuestro país, explicitando que había cambiado claramente desde el advenimiento de la democracia. A pesar del enorme peso de los acontecimientos de ese año, se intentó dar una visión lo más general posible de la arquitectura española, en un equilibrio que suena un tanto artificial al repartirse al cincuenta por ciento las obras vinculadas a aquéllos con las que no lo estaban. De las doce, tres estaban relacionadas con los Juegos Olímpicos de Barcelona (Viviendas en la Villa Olímpica de Albert Viaplana y Helio Piñón, Campo de Tiro con Arco de Enric Miralles y Carme Pinós y Palacio Municipal de Deportes de Badalona de Esteve Bonell y Francesc Rius), tres con la Expo de Sevilla (Pabellón de la Navegación de Alberto Vázquez Consuegra, Estación de ferrocarril de Santa Justa de Antonio Cruz y Antonio Ortiz y Aeropuerto internacional de Rafael Moneo) pero ninguna relacionada con la capitalidad cultural de Madrid. Las otras seis se hallan en otras ciudades de España, cuatro en la zona oriental (Banco de España en Gerona de Lluis Clotet y Igancio Paricio, Museo de Navarra en Pamplona de Jordi Garcés y Enric Soria, Biblioteca Pública de Aragón en Zaragoza de Víctor López Cotelo y Carlos Puente y Restauración y ampliación del Paseo de Ronda y las murallas en Palma de Mallorca de José Antonio Martínez Lapeña y Elías Torres Tur) y dos en la zona central (Palacio de Congresos y Exposiciones en Salamanca de Juan Navarro Baldeweg y Consejería de agricultura en Toledo de Manuel de las Casas, Ignacio de las Casas y Jaime Lorenzo). Sin embargo, con los autores sí se evidencia una clara concentración en las tres ciudades protagonistas del '92, puesto que seis de ellos están vinculados a Barcelona, cuatro a Madrid y dos a Sevilla. Este hecho está relacionado con la preponderancia cultural de ese tiempo, relacionada de modo directo con las Escuelas de arquitectura de las tres ciudades.

Donde se produce un claro desequilibrio es el origen de los encargos, puesto que todas las actuaciones son de promoción pública, constituyendo diez de ellos equipamientos de todo tipo, ejemplificando una época en la que la descentralización política motivó la necesidad de que las respectivas autonomías se dotasen adecuadamente con arquitecturas propias que les ayudasen a afirmar sus respectivas identidades. Es muy notoria la ausencia de la iniciativa privada, relegada en ese tiempo a un papel secundario respecto a la promoción de una arquitectura de calidad, debido a una preocupación mayor por la producción cuantitativa, entendida más en términos de rentabilidad económica que de inversión cultural.

El catálogo de la exposición del A.I.C. se editó en castellano con un nada casual cambio de título que se transformó en el aséptico 'España: arquitecturas de hoy' en lugar del traducido directamente del inglés 'Construyendo en una nueva España', que aquí podía dar lugar a interpretaciones al margen de la disciplina y de naturaleza política, a las que hoy seguimos siendo tan proclives mostrando complejos aún no superados. En sus páginas se halla una caracterización clara y precisa de la arquitectura española del '92, que tomaremos como punto de referencia para analizar después lo realizado desde entonces. El autor de la misma es Kenneth Frampton, quien afirmó:

> ... Si lo topográfico ha de ser reconocido como el primer indicador de la práctica de la arquitectura en España, el segundo sería entonces lo tectónico, es decir, una evidente poética de la construcción que se pone de manifiesto en una gran cantidad de tipologías y situaciones edificatorias...la mayoría de estas obras afirman una presencia tectónica palpable que se resiste culturalmente hasta el punto de distanciarse de las influencias de los medios y de la cínica reducción de los tinglados decorados.[2]

[2] Kenneth Frampton, «Homenaje a Iberia: una valoración», en *España: Arquitecturas de hoy* (Madrid: Ministerio de Obras Públicas y Transportes, 1992) 19-46.

LA APLICACIÓN DE UN MODELO

Las consecuencias positivas que para sus ciudades generaron
los acontecimientos efímeros celebrados en ellas motivaron que
ese modelo de actuación urbana se intentase replicar en los años
siguientes en otros lugares. Con respecto a los Juegos Olímpicos,
Sevilla se postuló para las ediciones de 2004 y de 2008, pero no pasó
a la selección final. Madrid, que estuvo a punto de ser la sede de 2012,
lo intentó de nuevo en el 2016 con una propuesta más elaborada que
la anterior con una gran parte de los equipamientos ya construidos,
que planteaba dos grandes zonas olímpicas, una de ellas a lo largo
del río Manzanares en la dirección noreste-sureste y otra en la zona
noreste en torno a la M-40 generando en este caso un área de nueva
centralidad. Ya con muy pocas opciones, optó de nuevo a la edición
de 2020 pero fue nuevamente rechazada.

En lo que respecta a las ciudades olímpicas posteriores a Barcelona,
podemos afirmar que ninguna aprovechó cómo ésta la oportunidad
para reordenar su trama urbana con operaciones de conjunto. Las
arquitecturas realizadas tenemos que entenderlas como actuaciones
inconexas entre sí y han tenido una calidad variable. Por encima de
todas ellas destaca Pekín en 2008, que se dotó de edificios reseñables
como el Aeropuerto Internacional de Norman Foster, el Gran Teatro
Nacional de Paul Andreu, el Estadio Nacional Olímpico de Herzog y
de Meuron y la Sede de la CCTV de OMA.

En las exposiciones universales que han tenido lugar tras Sevilla y
dado lo efímero de estas construcciones, los respectivos pabellones
de España han sido entendidos por sus respectivos autores como
una arquitectura de carácter experimental, desde su planteamiento
general hasta su ejecución material. De este modo tanto Antonio
Cruz y Antonio Ortiz en Hannover en el 2000 con un volumen de pla-
nos quebrados de corcho, Alejandro Zaera en Aichi en 2004, con una
piel tejida a base de piezas cerámicas de colores y EMBT en Shanghai
en 2010 con fachadas onduladas resueltas con mimbre, han continuado el camino iniciado por José Antonio Corrales y Ramón Vázquez
Molezún en Bruselas en 1958.

Las actuaciones que sí se llevaron a cabo intentando repetir los éxitos del '92 fueron el 'Fórum Universal de las Culturas' celebrado en Barcelona en 2004 y la Exposición Internacional de 2008 que tuvo lugar en Zaragoza. Con el primero se pretendió aprovechar el acontecimiento para generar un nuevo desarrollo urbano estratégico en el crecimiento de la ciudad, dado el magnífico precedente de la Barcelona Olímpica. De este modo, se prolongó la Diagonal hasta el mar y se produjo un saneamiento del frente litoral aun cuando se mantuvieron las grandes infraestructuras metropolitanas, todo ello generando un nuevo tipo de espacio urbano ajeno a la idiosincrasia mediterránea, con la intención de inducir una nueva centralidad metropolitana. Ni el programa de actividades ni las arquitecturas construidas, con la excepción de la pérgola fotovoltaica de Martínez Lapeña y Torres, estuvieron a la altura de su predecesora. Por su parte, en Zaragoza, con una situación urbana similar a la de Sevilla, puesto que la sede de la Expo fue el meandro de Ranillas, en la margen izquierda del río Ebro, donde se construyó una feria temática en torno al lema medioambiental 'Agua y desarrollo sostenible', el resultado tampoco ha divergido de su antecedente sevillano, con una falta de definición sobre el uso final de los terrenos, aunque todo apunta a una solución mixta en la que convivan una zona de expansión y disfrute ciudadano con un parque empresarial. Al final la ciudad se ha equipado con una serie de arquitecturas que han completado sus dotaciones como la Estación del AVE de Carlos Ferrater y José María Valero y el Palacio de Congresos de Fuensanta Nieto y Enrique Sobejano. De los edificios específicos de la Expo destaca el Pabellón de España, obra de Francisco Mangado. Los organizadores de ambos eventos acudieron a arquitectos de renombre internacional con el doble objetivo de obtener arquitecturas de calidad, por un lado, y una clara difusión mediática en el extranjero nada desdeñable, por otro. Ni el Edificio Fórum de Herzog y de Meuron en Barcelona ni el Pabellón Puente de Zaha Hadid y Patrik Schumacher en Zaragoza estuvieron a la altura de las expectativas creadas ni de la indiscutible calidad de sus autores.

La capitalidad cultural europea que ostentó Madrid en 1992 se repitió en el año 2000 en Santiago de Compostela, que la compartió con otras ocho ciudades europeas, en Salamanca en 2002 y San Sebastián en 2016, en ambos casos también compartida con otra urbe.

Dichos acontecimientos no tuvieron ni la difusión ni la repercusión
de la capitalidad madrileña, quedando reducidas a festivales culturales con la celebración de un gran número de actividades, con la doble
intención de fomentar la innovación en dicho sector y de entenderlo
como una actividad económica de gran potencial, sin ningún tipo de
incidencia arquitectónica digna de mención.

VARIACIONES COYUNTURALES EN LOS ÁMBITOS ACADÉMICO, PROFESIONAL Y ECONÓMICO

La arquitectura que se realizó en el 92 fue posible por la simultanei-
dad de unas condiciones académicas, profesionales y económicas
que no se han mantenido hasta la actualidad. En lo que al ámbito académico se refiere, acudamos de nuevo a Kenneth Frampton que reconocía la solvencia de la formación en España cuando escribía:

> Es necesario mencionar la duración y el calibre al que los arquitec-
> tos españoles están sujetos en su educación profesional; una edu-
> cación que es más larga y que está enfocada más técnicamente que
> en muchos otros países...[3]

Con respecto a este asunto, conviene hacer las siguientes consideraciones. Las escuelas de arquitectura que se abrieron en España
en la década de los setenta se han consolidado y se ha disminuido la
diferencia de nivel que tenían con respecto a las escuelas de Madrid,
Barcelona y Sevilla, lo que ha permitido una descentralización de la
calidad arquitectónica por todo el territorio nacional. Sin embargo, al
albur de la expansión inmobiliaria que se vivió en España y que frenó
de golpe con la crisis financiera mundial del 2007 proliferaron las
escuelas, sobre todo de titularidad privada hasta alcanzar en la actualidad el número de quince que conviven con las diecinueve públicas.
La recesión del sector ha provocado una disminución del número de
alumnos, por ahora preocupante que, de seguir así, se transformará
en alarmante. Todo ello ha coincidido con la revisión de los planes de

---

[3] Kenneth Frampton, *op. cit.*

estudio para adaptarse a las exigencias del Espacio Europeo de Educación Superior, con una inicial situación dubitativa que parece haber sido resuelta con los cambios introducidos que han recuperado una carga lectiva precisa para poder otorgar un título habilitante con la adecuada capacitación profesional, por lo que podemos afirmar que en lo sustancial el análisis de Frampton sigue siendo válido. No obstante debemos estar alerta para no distraernos y hacer buena la reflexión de Rafael Moneo:

> ... Llegar a la profesión a través de lo que me gustaría llamar una buena educación. Definir lo que llamo 'buena educación' sería la alternativa hoy a los tratados y obviamente establecerla sería la meta de las escuelas...Quien quiera que ama la arquitectura disfruta con lo que es la herencia de lo que la disciplina fue.[4]

Sobre la situación profesional de los arquitectos en la España del 92 también se pronunció Kenneth Frampton:

> ... el hecho de que ningún edificio puede ser construido en España sin la firma de un arquitecto y la existencia de un sistema de organizaciones profesionales locales conocidas como Colegios que existen para operar como gremios, ejercitando un cierto control sobre los aspectos más fundamentales de proceso constructivo...[5]

La organización colegial y lo que ella implicaba, sobre todo la obligatoriedad del visado y la existencia de unas tarifas de honorarios regladas, ha sido desplazada por la adecuación a la normativa europea y sus exigencias de liberalización en materia de competencia profesional, lo que ha implicado unas guerras por la oferta de unos honorarios cada vez más bajos que con los límites que han alcanzado, aparte de lo indigno que representan para la profesión, conllevan una alarmante merma de la calidad arquitectónica media, porque nadie va a invertir el tiempo preciso para conseguirla, puesto que por éste apenas se cobra.

---

[4] Rafael Moneo. *La noción del conocimiento en arquitectura* (A Coruña: Real Academia Galega de Belas Artes, 2015), 30.

[5] Kenneth Frampton, *op. cit.*

El último aspecto que incide en los anteriores es la variación de la coyuntura económica. Los tiempos de bonanza que posibilitaron los eventos del 92, al margen de la concentración de recursos en un tiempo y en lugares concretos, que descuidaron o retrasaron otras inversiones, dieron paso en los años siguientes a una lógica disminución de éstas, que todavía estaban alimentadas por los fondos europeos. El planteamiento político de potenciar el sector de la construcción como motor del crecimiento económico provocó una recuperación que se transformó en un boom que parecía no tener fin. Pero la citada crisis financiera del 2007, cuyos efectos se notaron en España con retraso, a partir del 2009 y sobre todo en el 2010 con la decisión gubernamental de pinchar la burbuja inmobiliaria, generó unos efectos devastadores en la profesión, con una espectacular caída en el número de visados, lo que motivó un durísimo ajuste laboral tanto en el personal de los colegios de arquitectos como en el de muchos estudios de arquitectura, provocando cierres masivos y la necesidad de buscar nuevas oportunidades en el extranjero generando una emigración de calidad tanto de profesionales expertos como de jóvenes titulados. Esto último implica un claro empobrecimiento de España, puesto que el retorno de la inversión que supone su formación se lo llevan aquellos países que los han acogido con los brazos abiertos, sabedores de su excelente formación.

LA EVOLUCIÓN DE LA ARQUITECTURA ESPAÑOLA A TRAVÉS DE LAS REVISTAS ESPECIALIZADAS

La evolución de la arquitectura española desde el 92 podemos analizarla a través del tratamiento editorial que ha recibido por parte de las revistas especializadas. Creemos que debemos comenzar por ver cuál ha sido el seguimiento que ha tenido por las revistas extranjeras, reduciendo el análisis a sus portadas, con la precaución de considerar que los criterios de diseño gráfico de las mismas ha variado con el tiempo y no siempre se han utilizado fotografías. Hemos escogido las revistas *The Architectural Review*, *L'Architecture d'aujord'hui* y *Casabella*, editadas respectivamente en Inglaterra, Francia e Italia. La

1. Portada de *The Architectural Review*, 1146 (1992)

2. Portada de *The Architectural Review*, 1196 (1994)

presencia de la arquitectura relacionada con España no pasa de ser testimonial, con pocas portadas dedicadas, entre las que podemos citar en la revista inglesa la Torre de la Collserola de Norman Foster en el número 1146 de 1992 (Fig. 01) y Galería BCE Place de Toronto de Santiago Calatrava en el 1165 de 1994 (Fig. 02). Por su parte, la revista francesa publicó en su número 283 de 1992 Palacio de Congresos y Exposiciones en Salamanca de Juan Navarro Baldeweg y en el 312 de 1997 el Cementerio de Igualada de Enric Miralles. En la italiana el Ayuntamiento de Murcia de Rafael Moneo (Fig. 03) y la Caja General de Ahorros en Granada de Alberto Campo Baeza (Fig. 04) ocuparon las portadas de los números 666 de 1999 y 697 de 2002 respectivamente. El contenido de las revistas inglesa e italiana es deudor de la culta y reñida polémica que sobre el camino que debía seguir la modernidad tuvieron en 1959 Reyner Banham y Ernesto Nathan Rogers, a la sazón directores de ambas revistas, al seguir optando la primera por

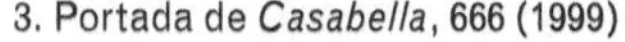

3. Portada de *Casabella*, 666 (1999)

4. Portada de *Casabella*, 697 (2002)

una arquitectura con una expresión tecnológica evidente y la segunda por aquella en la que el valor de la tradición es palpable.

En lo que respecta a las publicaciones españolas, consideramos como muy valiosa para el conocimiento de lo que ha ocurrido en la arquitectura de nuestro país, la labor editorial llevada a cabo por la revista *A&V Monografías* que desde el año 1993 ha publicado de modo ininterrumpido un anuario que exhibe las obras hechas en España tanto por autores españoles como extranjeros, con referencias a los hechos más importantes acontecidos en el resto del mundo vinculados con la arquitectura, complementado con una serie de reflexiones que pretenden explicar lo acontecido. A esos anuarios nos remitimos para el conocimiento detallado de dicha arquitectura. De modo similar al de las revistas extranjeras, realizaremos un análisis de sus portadas. Este se puede hacer de modo continuado año a año, pero puede resultar más interesante comparar números separados en el tiempo. Así, podemos ver que entre las portadas del primer y último anuario, publicados en 1993 y 2017 dedicados al Palacio de los Deportes

5. Portada de *A&V Monografías: Anuario 1993*, (1993)

6. Portada de *A&V Monografías: España 2017*, 193-194 (2017)

de Badalona de Esteve Bonell y Francesc Rius (Fig. 05) y al Edificio Recepción al yacimiento de Ampurias en L'Escala, Gerona de Josep Fuses y Joan Viader (Fig. 06) hay las mismas diferencias que si escogemos las de años redondos como 1995 y 2015 que muestra la primera el Estadio de atletismo de Madrid de Antonio Cruz y Antonio Ortiz (Fig. 07) y la segunda el Palacio de Congresos Vegas Altas en Villanueva de la Serena, Badajoz de Luis Pancorbo, José de Villar, Carlos Chacón y Inés Martín Robles (Fig. 08). Al margen de la bienvenida renovación de autores, garante de la continuidad de una arquitectura de calidad, es sintomático que en los números más antiguos se muestren partes enteras de los edificios, una vista interior en el caso de Badalona y un sector de la fachada en el de Madrid, mientras que en los más recientes las fotografías son de detalle, dando todo el protagonismo a las texturas.

7. Portada de *A&V Monografías: España 1995*, 51-52 (1995)

8. Portada de *A&V Monografías: España 2015*, 173-174 (2015)

La calidad de la producción continuada de algunos arquitectos españoles ha permitido la edición de números monográficos de la misma revista *A&V Monografías: Rafael Moneo* en 1992, Lluis Clotet y Ignacio Paricio en 1993, Santiago Calatrava en 1996, Antonio Cruz y Antonio Ortiz en 2000, Francisco Mangado en 2009, RCR Aranda, Pigem y Vilalta en 2009 y 2016, Luis Moreno Mansilla y Emilio Tuñón en 2010, Fuensanta Nieto y Enrique Sobejano en 2010, Iñaki Ábalos y Renata Sentkiewicz en 2015, Fernando Menis en 2016 y Ángela García de Paredes y Ignacio García Pedrosa en 2016. Lo comentado para los anuarios es de aplicación también para las monografías. La comparación de las portadas de la de Rafael Moneo (Fig. 09) con la de Ábalos y Sentkiewicz (Fig. 10) es aún más elocuente: la fotografía de la Estación de Atocha en la que se ve la interrelación entre edificio y espacio público con la ciudad al fondo que aparece en la primera da paso en

9. Portada de *A&V Monografías: Rafael Moneo. 1986-1992*, 36 (2002)

10. Portada de *A&V Monografías: Ábalos + Sentkiewicz. Form, Matter, Energy*, 169 (2014)

la segunda a un detalle del encuentro de los paneles facetados del falso techo de lamas de aluminio de la Estación intermodal y parque urbano de Logroño, sin ninguna otra referencia.

Es evidente que la arquitectura española del 92 cuyas bondades había glosado Frampton ha dado paso a una arquitectura con un planteamiento cada vez más extendido en un mundo global e interconectado, caracterizado por la autonomía formal de la pieza y una preocupación por el detalle constructivo no como medio preciso para la ejecución sino como valor en sí mismo, llegando en ocasiones al ornamento epidérmico. Sobre este asunto ya había alertado en el 2002 Oriol Bohigas cuando comentó sobre la Torre Agbar en Barcelona de Jean Nouvel:

... si con este edificio llegamos a conocer nuevas formas de piel que nos sean útiles, quizá no se creará un modelo para la configuración

general del edificio pero sí para ciertos detalles técnicos, estéticos
e incluso ornamentales. Por consiguiente, no se puede decir que
sea mala arquitectura... Ahora bien, dudo de que éste sea el objetivo
más importante de la arquitectura culta y progresista del momento
actual. Empiezo a estar harto de oír hablar tanto de pieles y tan poco
de huesos.[6]

EL RECONOCIMIENTO INTERNACIONAL
DE LA ARQUITECTURA ESPAÑOLA

Como complemento al análisis editorial expondremos la consideración
que desde el exterior ha merecido la arquitectura española realizada
en estos veinticinco años, que se ha plasmado en diversos modos de
reconocimiento internacional. De entre las obras que conformaron
la mencionada exposición del A.I.C. en 1992, el Palacio Municipal de
los Deportes de Badalona (Fig. 11), proyectado por Esteve Bonell y
Francesc Rius, fue galardonado con el Premio Mies Van der Rohe de
1992. Este premio de Arquitectura Contemporánea está patrocinado
por la Unión Europea y la Fundación Mies van der Rohe de Barcelona
con objeto de reconocer la calidad de la producción arquitectónica en
Europa y recompensar al mejor edificio construido en ese territorio. Se
otorga cada dos años y en las quince ediciones celebradas desde su
instauración en 1988 se ha concedido en cuatro ocasiones a arquitectos españoles. Tras la ya indicada a Bonell y Rius, en 2001 fue premiado
el edificio Kursaal de San Sebastián (Fig. 12), obra de Rafael Moneo. El
premio de 2007 fue otorgado al Museo de Arte Contemporáneo de León
(Fig. 13), proyectado por Emilio Tuñón y Luis Moreno Mansilla. El último concedido hasta el momento a un arquitecto español es el de 2015
al equipo constituido por Fabricio Barozzi y Alberto Veiga, con sede en
Barcelona, autores de la Filarmónica de Szczecin, en Polonia (Fig. 14).
Este último se diferencia de los anteriores en que el edificio está situa-

[6] Joaquim Español. *Invitación a la arquitectura. Diálogos con Oriol Bohigas, Juan Navarro Baldeweg, Óscar Tusquets, Albert Viapalana y Peter G. Rowe* (Barcelona: RBA Libros
S. A., 2002), 20.

11. Premio *Mies van der Rohe* 1992: Palacio Municipal de los Deportes, Badalona. Esteve Bonell y Francesc Rius

12. Premio *Mies van der Rohe* 2001: Edificio Kursaal, San Sebastián. Rafael Moneo.

13. Premio *Mies van der Rohe* 2007: Museo de Arte Contemporáneo, León. Emilio Tuñón y Luis Moreno Mansilla

14. Premio *Mies van der Rohe* 2015: Filarmónica, Szczecin (Polonia). Fabricio Barozzi y Alberto Veiga

do en el extranjero, lo que evidencia lo apuntado anteriormente sobre la internacionalización de los arquitectos españoles que evidencia su calidad para construir en cualquier país.

Desde 2001 el premio Mies Van der Rohe también quiere reconocer el talento de los arquitectos emergentes premiando los mejores edificios hechos por ellos. En tres de las nueve ediciones celebradas desde entonces, incluyendo la de este 2017, fueron premiados arquitectos españoles: Ramón Bosch y Elisabeth Capdeferro en 2001, María Langarita y Víctor Navarro en 2013 y el equipo Arquitectura-G constituido por Jonathan Arnabat, Jordi Ayala-Brill, Aitor Fuentes y Igor Urdampilleta en 2015, lo que nos permite vislumbrar un futuro de calidad en la arquitectura española.

De mayor trascendencia que la exposición del A.I.C. de 1992, fue la celebrada del 12 de febrero al 1 de mayo de 2006 en el Museum of Modern Art de Nueva York (MoMA) con carácter monográfico y con el título 'On Site: New Architecture in Spain', formada por dieciocho obras y treinta y cinco proyectos, todos ellos en España.[7] En ella se expusieron los trabajos tanto de arquitectos españoles como de extranjeros de renombre internacional,[8] en un número próximo a un tercio del total. En la muestra quedó de manifiesto que la calidad de lo realizado por los arquitectos españoles era comparable a la de sus colegas foráneos, evidenciando un panorama caracterizado por la diversidad programática, geográfica y generacional de los autores que enfatizó la descentralización de la producción por todo el territorio español con respecto a los grandes focos del '92. En este momento ya se estaba manifestando la referida consolidación de las otras escuelas de arquitectura del país. Los arquitectos españoles que participaron en ambas exposiciones fueron José Antonio Martínez Lapeña y Elías Torres, Enric Miralles, Rafael Moneo, Juan Navarro Baldeweg y Alberto Vázquez Consuegra, lo que demuestra su capacidad de mantener la calidad de su producción arquitectónica al margen del paso del tiempo, convirtiéndolos en claros referentes para sus colegas.

---

[7] *Vid.* el monográfico dedicado a la exposición en *Arquitectura Viva* 104 (2005).

[8] Los autores extranjeros fueron Chipperfield, Eisenmann, Gehry, Koolhas, Hadid, Herzog y de Meuron, Ito, Mayer, Mayne, MVRDV, Nouvel, Rogers, Perrault SANAA y Siza.

El último reconocimiento colectivo tuvo lugar con la concesión en 2016 del León de Oro de la decimoquinta Bienal de Arquitectura de Venecia al Pabellón de España comisariado por Iñaki Carnicero y Carlos Quintáns, que con el título 'Unfinished' exponía obras y proyectos de pequeña escala y centrados en trabajos de rehabilitación y consolidación, todos realizados con presupuestos muy bajos debido a las consecuencias de una crisis prolongada en el tiempo, mostrando cómo los arquitectos españoles se han sabido adaptar a la situación existente sin que la calidad de su arquitectura se haya visto resentida a pesar de realizarse en una coyuntura económica antitética a la del '92.

Queremos concluir este apartado con la mención al más importante de los premios arquitectónicos que se conceden actualmente en el mundo: los Pritzker. El ganador de su quinta edición en 1996 fue Rafael Moneo, verdadero maestro de la arquitectura española contemporánea, así reconocido no sólo en nuestro país sino también en el extranjero. Ha habido que esperar hasta este año 2017 a que fuese concedido de nuevo a arquitectos españoles, en concreto al equipo RCR formado por Rafael Aranda, Carme Pigem y Ramón Vilalta, con sede en Olot y con una arquitectura caracterizada por una exquisita sensibilidad y un tratamiento muy cuidado de todos los aspectos que conforman el hecho arquitectónico, dignificando un oficio que con su actitud transforman en sagrado. Por todo lo hasta aquí expuesto afirmamos que, a pesar de los cambios comentados, los arquitectos españoles han sido capaces de adaptarse a las circunstancias de cada momento, haciendo gala de una sorprendente capacidad de innovación que posibilita seguir garantizando un elevado y consolidado nivel de calidad.